野間和子
野間メンタルヘルスクリニック院長

今、親ができるとても大切なこと。

親子関係をよくするストローク育児

合同出版

私が今ここに在ることを、両親に感謝して

孫がこれからの日々、安心して成長していくことを祈って――

はじめに

「だれがジュースを入れていいって言ったんだ！」

若い男の人が大声で怒鳴っています。びっくりして見ると、小学3年生くらいの男の子が、ジュースを注ぐ機械のところにいて、おびえた表情で振り返っています。「手を洗うのが先だろうが！」と言いながら、先ほど怒鳴った男の人が子どもに近寄って、力一杯その子のほほをつねりあげました。

その子は何も言わず、涙をいっぱいためた目で父親を見ていましたが、すぐに近くにあった洗面台に駆け込んで行きました。

ある日の大型スーパーのフードコートでの光景です。

私は、心が痛みました。この若い父親は、何をカリカリしているのだろう。公衆の面前でこのように扱われた子どものプライドは……？　こうした扱いは、この家庭ではきっと日常的なことなのでしょう。そうした体験の連続から、この子は何を学ぶでしょうか？

いじめや暴力を受けた果てに、自殺を選ぶ子どもが後を絶ちません。最近では教師からの暴力が重なって自殺した高校生がいます。こうした事件が起こるたびに、暴力やいじめと自殺の関係はあるのかという議論が関係者たちの間に起こります。そして周囲の子どもたち、保護者、教師などへの聞き取り調査が行なわれます。

私は、こうした経緯をいつも歯がゆい思いで見つめています。

いじめは、心に闇を抱えた人が、自分より弱いと思う対象に対して、心身への容赦のない攻撃をすることです。最近のいじめは、むしろ犯罪と言った方が適切です。いじめっ子は鼻がよく効いていて、対象になる子を目ざとく見つけて、相手の弱みにつけ込みます。いじめっ子は、相手のいやがること、つらいこと、最終的にはその対象の存在を否定することをくり返し行ないます。

「臭い」「汚い」「バイキン」と言われる。だれとも知れない、周囲からの「クスクス笑い」。「シカト、まったくの無視」。衣服を脱がされる。集団での暴力のこうしたいじめ行為は、どんなにか人の心に恐怖心をかきたてることでしょう。恥ずかしさで、生きていくことが困難になります。自分を理解して守ってくれるものがないと知ったとき、怒りは自分へと向かいます。もはや命を絶つしかないのです。〈屈辱感〉は、その人の存在を、生きてここにいていいという感情を揺るがし、おびやかします。

私たちは、〈恥〉を感じる心を幼い頃からもっています。私たちは他人に恥をかかせるようなことをしてはいけないし、そのことを強く子どもたちに教えなくてはいけないのです。

ここ数年、天災・人災にみまわれ、私たちはつらい経験をしています。その中で、人の絆や家族の愛などを、大切にしていくことにあらためて気づくことができました。自分を見直す機会も多くなっていますし、子育てについても国をあげての課題になってきました。

私は、時代がどんなに変わろうとも、人の心に起きること、生きていく基本にかかわることはいつの時代も変わらないと考えています。その基本のこと、方法や技術以前の、胆にとどめたいことを、みなさんと一緒に見直していきたいと思います。

算命学によると、わが国にとってこの3・11の頃は、〈鬼門通過〉といって最悪の年であったそうです。この国の再生のために、人の心を見直すチャンスになればと願っています。

もくじ

第1章　子どもの応援団長になる

1　こんにちは！　赤ちゃん!!

生まれたばかりの赤ちゃん、沐浴前の赤ちゃんが、ベッドを起こして半座位になった母親に、タオルにくるまれて抱かれている姿を見ることが多くなりました。多少ぎこちないようすですが、赤ちゃんを抱いている母親は、産後の疲れにもかかわらずニコニコしていて幸せそうです。そして赤ちゃんは、泣き声もなく穏やかに抱かれています。

新米ママさんはもちろん、ベテランママさんにとっても、はじめて抱くわが子。いとおしくかけがえのない存在と感じることでしょう。

産科医は、つぎのように教えてくれています。

赤ちゃんたちは、子宮の中で母親の声を聞き、心臓の鼓動や呼吸のリズムを感じていて、自分の母親がだれかということを、しっかりとその小さな身体で記憶しているのです。赤ちゃんたちは、その「胎児」と呼ばれる時期を、子宮という狭い空間の中で全身を羊水に囲まれて大切に安全に守られています。10カ月を過ごした後に、狭い産道を抜けて、この世の中に登場します。

赤ちゃんが産道を抜ける時間は、他のどんな動物よりも長いといわれています。母親にとっては、つらい産みの苦しみである陣痛ですし、赤ちゃんにとっても強い圧迫感を全身で感じて、狭い空間を通過してくるという一大仕事です。大きな産声と共にこの世に誕生！母親自身も、見ている者も、ホッとして喜びでいっぱいになる瞬間です。でも、赤ちゃんにとっては、急に手足が自由になってどうしてよいかわからない、不安な状態なのです。ですから、全身の力を振り絞って産声をあげます。

タオルでくるまれて、子宮の中とおなじような状態で母親の胸に抱かれることで、赤ちゃんは安心して泣き止みます。母親の胸に抱かれて、その鼓動と呼吸のリズムを感じて、おなかの中で聞いていた懐かしい声をかけてもらってホッとするのです。出産後にこうした体験をした子どもは、心の発達がスムーズで、安定感があって、その後の母親との分離が早いといわれています。

出産という大仕事の後で、そばに赤ちゃんがいると、眠れないという人もいます。そのときはどうぞ、看護師さんに助けてもらって、夜はゆっくりと休ませてもらってください。そして日中は、生まれてすぐの赤ちゃんを眺めて、たくさん抱っこして、じっと見つめ、ふれあってください。ゆったりとした時間を過ごすことをお勧めします。

私の次女は、生まれてすぐには泣きませんでした。びっくりドキドキしているときに、ピシャッという音が2回したかと思うと、大きな泣き声が聞こえました。「臍帯が巻いていたから、お尻をたたきました。大丈夫ですよ！」先生の明るい声にホッとしました。

それでも、臍帯が巻く……仮死分娩……知的障害……とっさに思いをめぐらしている私に、「ホーラ、こんなにコロコロして元気なお嬢さんですよ！」と、娘を手渡してくださった先生の力強い笑顔を見て、不安はすぐに吹き飛びました。神経過敏になっているときに、主治医やスタッフのちょっとした呟きや、不安を示す行動が、患者さんのその後の生活に大きな影を落とすことはよくあることです。医療従事者として、常に心しておきたいと思っています。

残念ながら、元気に生まれてくる子どもばかりではありません。妊娠半ばで亡くなる赤ちゃん、障害や病気をもって生まれてくる赤ちゃんがいます。親の悲しみはいかばかりかと、つらい気持ちになります。

私は20年間、神奈川県立こども医療センターの精神科で働いていました。小児科や小児外科などの入院中の子どもが、心の問題をもっているときには診察にあたりました。新生児室にもよく行きました。生まれながらに、たくさんの奇形をもっている子、先天的な病気の子ども、小さな身体で、病気と闘っているようすは、痛々しくもあり、たくましくも見えました。待ちに待った赤ちゃんが、こうした状態で生まれて、母親はわが子を抱くこともできずに、医療者の手にゆだねなければならない、何とつらいことでしょう。

そうした親たちへの心のケアも大切です。とくに母親は自分の責任ではないか、と思い悩むことが多いのです。そのうえ心ない周囲の人の言葉に傷つくこともあります。自分を責めることより、ゆっくりと栄養と休養を取って、不安な気持ちに向き合って、自分をいたわることが大切です。ひとりで悩まずに、看護師、ケースワーカー、臨床心理士や精神科医などの専門家の手助けを得ることです。

いろいろな体験から、私は、生まれたばかりの赤ちゃんを「まっさらな、無垢の赤ちゃん」と見ることができなくなっています。生まれたばかりの赤ちゃんに出会っても、「その小さな背中に、唐草の風呂敷包みを背負っている」「その風呂敷包みの中には、親が未解決の問題や、一族郎党の葛藤、正ばかりではなく負の遺産も入っている」そんな姿を浮かべてしまいます。

これが私の、幼い赤ちゃんに対するイメージなのです。ですから、赤ちゃんを見るときには、自然に涙が出てきてしまいます。「ようこそ！　けなげに……」といった感じです。だからこそ、親ばかりではない、子どもにかかわる大人たちは、心して精一杯の応援をして彼らを育てていきたいものだと思っています。

子育てに疲れて、言うことをきかない子どもにいらだっているとき、あるいは、だれも自分をねぎらってくれないときには、お母さんたち！　せめてこの、産んだときに感じた気持ちを思い出してみましょう。出産という大仕事をあなたはやり遂げたのです。そして得た子どもです。あなたには、彼らをコントロールする力があるのです。その方法を学べばよいのです。

2　安心できる場所：心のベースキャンプ

私たちは2011年3月11日、多くのものを失いました。今なお大地も海も建物も復興半ばにも至っていません。また、人びとの心の傷はなおのこと癒されていません。それでも多くの人たちは、力強く生活の立て直しに向かっています。全国から、世界中から応援も届いています。不幸なことではありましたが、この体験の中から、私たちは多くのことを学んでもきています。命の大切さを実感して、今、この時を大切に生きたいと思います。自分自身や人生のことを考え、家族の絆や愛を求めるようになってきていると思います。

「愛」とは何なのでしょう。そして「家庭」とは？　それは、私たちが、ホッとして、休める場所。ありのままの自分でいられる、それを認めてもらえる場所。支えられ、守られるところ。温かいぬくもりのあるところ。たとえ外で疲れ果て、傷ついても、かならず癒されると信じて疑わないところ。

私たちは、そんな場所、そこでの人とのふれあいを求めています。それを「家庭」と呼び、「ウチ」と呼ぶのでしょう。そして人を気にかけて、その存在を大切に思う気持ちを、「愛」というのではないでしょうか。

どんなに社会のしくみが変わっても、私たちの頭、脳みそがコンピューターに入れ替わるわけではありません。ましてや、心臓がソーラーシステムで動き、心がそれで温められるはずもありません。自分はひとりではない、いろんな人とつながっている、絆を感じて心が温まり、生きるエネルギーも出てくるというものです。

お母さんと幼い子どものつながりを見てみましょう。

赤ちゃんの泣き声はいろいろです。甘えたように小さな声で泣く、手足をバタバタさせて、顔を真っ赤にして火のついたように泣く……。敏感な母親は、子どもからの信号を正しく受け取って、その動きに速やかに適切に反応します。オムツを替える、ミルクを与える、といったように、あわてずゆったりと対処していきます。新米ママも少しずつ子どもの信号がわかってきます。

こうした安定した母親に育てられた子どもは、1歳頃になると少しずつ母親の元を離れて、周囲を探索に出かけるようになります。もちろん、すぐにまた母親のところに戻ります。子どもは、「親は、かならずそこにいて、自分を愛情深く受け容れてくれる」と確信しています。

こういう子どもたちは、いろいろなものに興味をもって、あちこちに出かけ、ときには母親の姿が見えないところまでも行くことがあります。不安になるとすぐに戻ってきますが、母親の姿を見て安心して、また出かけていきます。成長していくにつれて、母親と離れている時間的、空間的な距離はどんどん広がっていくのです。いつでも求めれば、そこに親がいる、そして自分を抱いて守ってくれる、そう思えば、安心して冒険の旅へと出ていくのです。

この母なるものをイギリスの精神科医ジョン・ボウルビーは「心の安全基地」と言いました。

しかし、いろいろな事情から、親が安定していないことがあります。気まぐれなことがあるかもしれません。自分の気持ちのむらから、あるときには強く抱きしめたかと思うと、別のときには無関心だったり、拒絶したりするかもしれません。子どもはいつ何が起きるのかわかりませんから、安心できません。それで母親にすがりつくかもしれません。安心して、興味に駆られてあちこち歩き回ることなどできるはずもありません。ぐずぐず言ったり、衝動的であったり、無気力になるかもしれません。

言うことをきかない子に、「もう知らない！」「置いていくよ！」「出て行きなさい」と言っている親を見かけることがありますが、これでは子どもは不安になります。子どもは親に捨てられたら生きてはいけないのです。なおのこと子どもは親にしがみつくでしょう。そして親はさらにイライラし、悪循環が起こります。

親に嫌われたと感じた子どもは、いっさいの愛情をあきらめて人との深い関係をもたないようにして生きていくかもしれません。あるいは、好かれようとして人の気を損ねないように、気遣いの多い人になるかもしれません。「自分は嫌われ者だ」と感じて、あえて周囲の人との摩擦をくり返して、自分の存在を証明していくかもしれません。

この母なるもの「心の安全基地」は、大人になった私たちにとっても、必要不可欠なものなのです。大人にとっての「安全基地」は、親やふるさとでもあるし、また、伴侶、新しい自分たちの家庭であるかもしれません。遠くに離れても、長い間離れていても、いつも心に感じて、自分を支えてくれるものです。成長するにつれて、この「安全基地」は、私たちの体の重心（丹田《たんでん》）に収まっていくのではないかと、私は考えています。

親として、大人として、子どもの「安全基地」になれるようにしたいものです。いや、親は子どもをもったからには、「安全基地」になるしかないのです。

「敏感な親になれ」と言われてしまうと、とてもむずかしいと思ってしまいます。つぎのように考えてみたらいかがでしょう。

赤ちゃんは、自分では何もできません。おなかがすけば泣くし、お尻が汚れれば不快になって泣くでしょう。暑い、かゆい、喉の渇きなどの不快感でむずかることもあるでしょう。

彼らの泣き声は、あるいは笑い声は、私たちにとっての言葉とおなじものなのです。少々耳障りでしょうが、幼い伝達手段であると理解してあげてください。少なくとも、3歳くらいまでは大人の視野から離さないでいることが大切です。

子どもから声がかかったら注目しましょう。泣いている子に、「どうしたの?」と声をかける。オムツを替えて、あるいは抱き上げて、おっぱいなりミルクなりを飲ませる。わけがわからないまま泣き続けることもあるかもしれません。そんなときには静かに抱いているだけでもいいのです。

〈赤ちゃんを視野に入れて、注目する〉……これさえしていれば、赤ちゃんの出すサインが次第にわかるようになると思います。もちろん、母親だけが24時間つきっきりで見なくてはならないわけではありません。父親にもがんばってもらいたいと思います。また、周囲に助けてくれる人を見つけて援助をお願いしましょう。

残念ながら、この「安全基地」をもたないで育ってしまって、人間関係にいろいろなむずかしさを感じている人がいます。ご自身が親からそういう扱いを受けてこなかったから? 現在、親や夫との間に問題を抱えているから? そのせいで、子どもの欲求に過敏に反応して、世話をすることが困難になっているのかもしれません。

理由はいろいろあるでしょうが、あきらめないでください。かならず、心に安心できる、あなたを支えて守ることができる「基地」をつくること、もつことができます。そしてお子さんに注目するゆとりがもてるようになります。その方法はあるのです。

出産や育児は、とくに育児の初期には、どうしても女性が中心とならざるを得ません。妊娠中も含めて、その後の子育てという大切なお仕事への準備として、女性には安心した環境と保護、援助が必要です。日本では実家に帰っての出産が多いのですが、これはとてもよい習慣だと思います。また、最近は夫が出産休暇を取って、出産に立ち会うことも多くなっています。その後の育児参加への第一歩としてすてきなことだと思います。

出産直後から、母親が孤独にならないように、父親も育児に参加してほしいと思います。企業の理解も重要です。女ひとりでがんばってきた世代から見ると、甘えていると思われることもあるようです。甘えて大いにけっこう！　この時期には心身の栄養が必要なのです。余談ですが、中国では、出産直後の母親に、毎日鶏1羽を食べさせるとのこと。妊娠、出産で使われるエネルギーは相当なものなのですから、たくさんの栄養を取る必要があるというのです。もちろん心にもたくさんの栄養を!!　です。

3　あなたらしさ、あなたの存在そのものが大切

親を殺して指名手配をされていた人が、自首してきたというニュースがありました。この人は40代の男性でしたが、親を殺した動機として、日常的に暴言や存在を否定する扱い

を受け、小さい頃から小言ばかり言われてきたと、その人は訴えたそうです。それも虐待にあたることですが、周囲から気づかれないまま、救われなかったのだと推察します。

ここ数年、思春期の子どもが親を殺す事件が多くなっています。いずれも、親が話を聞いてくれない、小言を言われた、成績のことでひどく叱られた、殴られた……といったことを理由にしています。中には親に大切な持ち物を壊され、ひどい暴力を受けていたという人もいます。大人の目から見るとささいなことではないかと思われることが多いかもしれません。しかし、そのささいなことのくり返しの生活の中で、子どもは「愛されていない」「大切にされていない」と感じ続けていたのだと思います。それは明らかに「虐待」です。

だれが見ても虐待だと判断しなければならないのに、長い間周囲の人から見過ごされていた子どもたちがいます。犯罪者になった子どもは、だれにも守られないまま、長い間犠牲者であった……という悲劇です。

保護者から拒否されることが続き、「安全基地」をもてずにいる子どもは、親をあきらめるように、かかわらないように、あの手この手の知恵を使いますが、年齢的に親の支配下にある悲しさで、管理されてますますひどい目にあってしまいます。そしてついには、あきらめは怒りに変わり、殺意にまで変容してしまいます。悲しいかな、親を求めて止まない気持ちと、自分を守るための暴力という、相反する気持ちの中で大混乱が起きているのです。

私は、親を殺した人びとが、せめて服役中に手厚い精神科的治療を受けられるようにと望んでいます。

いじめっ子は「心の闇」をもっているといいました。まさにそれこそが、親に拒否され続けてきて、「安全基地」をもたないということなのです。弱いものを見つけて怒りを晴らします。そしてほとんどが、ひとりではできず群れをなしてやります。

人を求めること、そして信じることをあきらめようとして、引きこもりがちになる子どもは、仲間をいじめることより、動物をいたぶることをするかもしれません。

事件にはならないまでも、幼い頃から親を殺そうと思った、という子どもは多いのです。この深い子どもの闇を理解して、光をさすことができないでしょうか。

さて、親はどうしたらいいのでしょうか。一生懸命によい子に育てようとしているのに、かみ合わない悲劇です。親の方こそ泣きたい思いかもしれません。

4 「交流分析」の哲学

1998年3月、私が47歳のとき、神奈川県横須賀市の佐島マリーナでロバートとメアリー・グールディング夫妻が行なった再決断療法のワークショップで、アメリカの精神科医エリック・バーン（1910〜1970年）の交流分析（Transactional Analysis）の理論に出合いました。「これが心の解剖図だ！」とまさに目からうろこ！　でした。彼の理論の特徴は、〈心は見えるものである〉ということが大前提になっていて、心は〈8歳の子どもの言葉で説明できるもの〉との考え方で、その理論は組み立てられています。

エリック・バーンの「交流分析」（TA）については、後ほど紹介したいと思いますが、交流分析の理論では、人間、人生に対して特有の哲学をもっています。そのキーワードの1つがOKという言葉です。

「OK」という、この言葉は、大変含蓄のあるものです。「人はOK」という人生哲学は、人間存在そのものを丸ごと是認する、つまり人としての存在それ自体を価値あるものとして認めることです。能力や、財力にはいろいろと違いがあるでしょうが、「いるだけでいいよ」「あなたの存在の価値や尊厳は、他の人とおなじように大切ですよ」というメッセージなのです。

＊人はだれでもOKである——OKというのは、人間の存在そのものの価値、重要さ、尊厳は、人間としてみなおなじレベルにあるということを意味します。

＊人はだれでも考える能力をもつ（重度の脳障害の人を除く）。

＊人は自分の運命を決め、そしてその決定は変えることができる——自分を笹舟のように思っている人がいます。笹舟は、流れに任せて走り、よどみにはまれば動かなくなり、渦に巻き込まれれば転覆し、岩にぶつかれば沈没してしまいます。しかし、私たちは、正

確な舵をもち、堅牢な構造をもったクルーザーで、行く先は自由自在、自分で行く先を決めて走っていくのです。境遇や他者に責任をかぶせないで、自分の運命は自分で決めていくのです。どうにもならない宿命をあれこれ言っても仕方のないこと。人はみな自分の手の中に運命を変えていく力をもっているのです。

私たちはともすれば、その人のやっていること、成績、できたこと、社会的な立場などを評価しがちです。とくに親や大人たちは、そのような枠で子どもたちを評価して追い立てます。追い立てれば追い立てるほど、がんばって親や先生方の期待にそおうとする子どももいます。それがうまくいけばいいのでしょうが、期待にそえないとわかると、あきらめてしまって、反抗的になり、かえって怠け出す子どももいます。

「がんばればできるのだ」「できないのは怠けているからだ」と、大人は子どもを洗脳します。大人が期待するだけの能力をもっていないし、興味の対象が違っているだけなのに、自分は馬鹿で怠け者だと、自分を責めて自信を失っている子どもがいかにたくさんいることか……。

人には能力に差があるし、興味にも差があります。そしてまた、いろいろな力が早くから発揮される子と、遅い子がいます。ＤＮＡやさまざまな環境の影響で、人の性格は違ってくるのです。生まれて間もなくから、その差は表れているのです。

色白だったり、髪が薄かったり、目が小さい、鼻が小さい、大きな声で泣く、ミルクの飲みが少ない……。親の思いどおり、期待どおりにいかないことが、たくさんあります。

それでも、「生まれてきてくれてありがとう！」「ママは（パパは）幸せよ！」「あなたでいいのよ！」そう言って、まずは受け入れてあげましょう。子どもにとって、その言葉は百人力になります。

あなたの腕の中で穏やかに寝ている赤ちゃん。親に守られなければ生きていけない、そのような存在である子ども。あなたを見つめるひとみ。あなたにすがりつく小さな手。親が認めて受け入れてやるしかないのです。あなた自身が生まれたときのことを思い出しましょう。

しかし、もしかしたらそうできない何かがあなたの心の中にあるかもしれません。かつて、自分が親に評価されたそのおなじ価値観で、自分の子どもを見ていませんか。今の自分を、自分自身で認めるのがむずかしいのではありませんか？　だとしたらまずそのことを解決しましょう。

親に言われて、親にされていやだったこと。他人に言われて、されていやだったことを書き出してみましょう。そしてそのために、自分のことをどのように見るようになったか。今そのことで、つらい思いをしていないでしょうか。それを書き出してください。解決方法はあります。

私の母は、娘時代に青山小町と呼ばれていたとのことで、美しい人でした。私が生まれるときに、親戚や近所の人たちは、娘ならどんなにかわいい子が生まれるか、と期待していたといいます。父に似て、小さな鼻で生まれた私を見て、叔母たちは母に、「持参金を貯金しないと、こんな娘は嫁にいけない」と進言したとのこと！

母は、私が20歳になったときに、笑いながら話してくれました。持参金にするはずの貯金が満期で下りたときでした。美しい母に似ないで父親に似て、小さな鼻・ダンゴ鼻でかわいそうだ……そんな声を、私は小さい頃からよく耳にしていました。3歳上の兄とけんかになると、いつも鼻のことで悪口を言われていました。

そのたびに母は、「人のどうにもならないことをあげつらって言うのは卑怯だ」と兄をいさめ、「娘は父親に似ると幸せになる。お父さんはあの鼻で出世したのよ」と私を励ましてくれていました。言葉の少ない人でしたが、この母の毅然とした構えや、私への支持は、その後の私の成長に大きな力となりました。強い自尊感情や、正義感を育ててくれたと感謝しています。

5　家族団らんは「心の安全基地」

最近の若者の体は伸びやかで、見上げるように背の高い人が多くなり、足も長くてすてきです。野球やサッカー、水泳などさまざまな分野で、世界的な選手がどんどん出てきて大活躍しています。体力が格段に伸びてきているように見えます。しかし、実際には、子どもたちの運動能力はお粗末で、かなり劣っているとの結果が出ています。そういえば、体格はよくなってもどこかその歩き方は元気がなく、ひざが曲がり、背を丸めている、若者らしいみなぎるエネルギーをそこに感じないことが多いような気がします。

気になるのが食生活です。飽食の時代といわれて、食物は町にあふれ、あちこちの店では、おいしそうなお弁当や惣菜が売られています。スイーツ・ブームでお菓子類も花盛りです。お金さえあれば、手軽に手に入れることができます。最近の不景気で、わが国でさえ、日常の食事にありつけない人がいる反面、無駄に捨てられている食品の量は、世界で日本が一番多いのだそうです。

ここ20年くらい、家庭での団らんが姿を消してしまったといわれています。家族で食卓を囲むことすらなく、子どもがひとりで食事をしていることが多いのだといいます。最近では、たまたま家族が一緒に食卓を囲んでいても、それぞれがテレビや携帯のメールに熱中していて家族間の交流も少なくなっているといいます。

人間の食事と動物のそれとをくらべてみましょう。

動物にとっては、生きていくエネルギー補給としての食物が餌です。しかし、人間にとっての食事は単なる餌以上のものなのです。世話をしてくれる人・自分を認めてくれる人との交流、その象徴的な場が食卓です。

母乳であれミルクであれ、赤ちゃんは母の胸に抱かれておっぱいをむさぼり飲みます。母の目に見つめられて、見つめ返して、温かな柔らかな胸のぬくもりを感じながら、空腹感を満腹感に代えていきます。大きくなると母の胸は食卓の場へと代わっていくのです。私たち人間にとって、食は、ふれあいの象徴的なものなのです。

私が中学生の頃に、生徒指導の先生がよく言ったものです。「みんなはまだ子どもだから、男の子と女の子と2人だけで外で一緒にごはんを食べてはいけないよ」。つまり一緒に食事を取ると、とっても仲良しになる、人間関係の距離が近くなるのだと教えてくれました。まさにそのとおりなのです。

家族が食卓を囲んで、一緒に時を過ごすことで家族のふれあいやつながりが増えていくのです。ゆっくりと子どもの顔を見ることができます。元気がよくて目が輝いている、よくおしゃべりをする、何かイライラしている、今日は元気がない、視線を合わせようとしない……。ちょっとした子どもの変化を知る貴重なチャンスにもなります。こうして、子どもにとって母なるものである「心の安全基地」がその働きをするのです。

父親や母親のいる家庭が、食卓が、安全な場所となり、子どもは守られるのです。何といっても日に2回から3回、顔を合わせて一緒に過ごせる貴重なひとときです。学校に行くようになると、学校での活動や、塾、友だちとの付き合いでなかなか時間を調整できにくくなるでしょうが、せめて12歳まではどちらかの親と一緒に食卓を囲みたいものです。食事内容は家庭の事情でいろいろでしょう。大切なのは、何を食べるかではなく、どう食べるか、どのように食卓で向かい合うか、なのです。

最近は摂食障害の方が増えています。太るのを嫌って、極度に食事の制限をしている拒食症。その反対に、いろいろなものをのべつ幕なしむさぼり食べて、あっという間に10kgも太ったという過食症。食べ吐きをして、数万円分もの食べ物をトイレに捨ててしまうといった人たちです。

心にさみしさを抱いている人たちが、食べ物をむさぼり食べても満足しないで、本当にほしいものはこれではないのだと感じて、吐き出します。ふれあい、ぬくもり、自分を受け入れてもらっているという実感、それを愛情といってもいいかもしれませんが、その愛情をただ食べ物に求めても、かなわないこと、むなしいだけなのです。

一方、食卓はまた、その家庭の劇場でもあります。さまざまな葛藤が表れる場となります。

小学5年生のAちゃんは、食欲がなくなって、吐き気を訴えるようになったとのことで、私のクリニックに連れてこられました。身体は痩せ細り、さみしそうな表情です。本人の話では、父方の祖父母との同居で、食事時にいつも向かいの席で祖父母が言い合いをしているとのこと。両親は黙って聞いていて、食卓では楽しい会話どころではないといいます。

Aちゃんは、おじいちゃんの怒った声を聞いていると怖いと訴え、両親とあれこれ話をしたいのにできないと言って泣きます。「それはつらいわね。それにむかつくわね！　ウエッ!!」

私の言葉にAちゃんは笑い出します。嘔吐はまさに心のむかつきです。人はしばしば怒ることが許されないと、代わりに泣くものです。これを代理感情といいます。祖父母を変えることは当面困難であると判断して、祖父母と食事を別にすることを提案しました。お父さんにがんばってもらって実行しました。食卓での楽しい会話が復活して、Aちゃんは元気になりました。自分を守ってもらうことで両親への信頼感も強くなりました。

主婦のBさんは、長年胃の調子がよくなくて、内科を転々としていました。あるとき、内科医から、精神的なものだと思うから一度精神科医に相談をするようにと勧められて、クリニックに見えました。家庭の中の人間関係を伺いますと、長年姑との葛藤で悩んでいるとのことでした。姑を立てて、がまんの毎日ですが、どうしても彼女を好きになれず、朝夕の食卓を囲むのが苦痛とのことでした。なるべく距離を遠くにしたいと考えて、長方形の食卓の長い距離の両端に座って食事をしているとのこと。

これは一番よくない座り方です。人間は、身体的な距離よりも視線が合うことの方が影響を受けやすいのです。視線の合わない位置に席を変えることを勧めました。Bさんは理性的に距離をもって生活を送れている方でしたので、食卓での座る位置を変えるだけで、胃の調子はうそのようにすっかりよくなったとのことでした。

6　親は応援団長であれ！　背中に「希望」のゼッケンを！

子どもたちに、生きていくことの大切さや意味を伝えるためには、2つのことが必要だと思います。

まず1つめは、私たち大人自身が生きていることを納得して、そのことにとりくんでいること。

ある人は目を輝かせて、好きなことに打ち込んでいるかもしれません。人の役に立っていると感じて、生き生きとしている人もいるでしょう。苦しい中にあって、体に、心に汗してがんばっている方もあるかもしれません。そうした大変な時期を乗り越えて、ときには孤独であるかもしれませんが、穏やかなまなざしをもって静かに存在して、寿命を全うされる方もいらっしゃるでしょう。いろいろな生きざまがあるでしょうが、その背中に「希望」と書いたゼッケンをつけていてほしいと思います。親自身が輝いて、言葉だけではなく「生きるってこういうことなんだ」と、希望と共に教えたいものです。子どもたちは敏感です。言葉を超えたメッセージを読み解きます。

２０１３年２月に急逝した歌舞伎役者の市川團十郎さんについての、長男の海老蔵さんの言葉です。

「父は弱音を吐かず逃げず、何ごとにも正々堂々と向き合った。言葉より背中を見て感じることから本当のことは見えると説いた。自らの役割を強く認識し、すべてを背負う。その背中を私はずっと見てきた。私も重圧、責任を受け止めていく覚悟はある」

2つめには、子どもの存在を認めて、「いつでも君たちを見ているよ」「気にかけているよ」と言ってあげたい。

そばにいなくても、「いつでも心の視野に入れて、応援しているよ！」「君はひとりではない」と伝えたい。何といっても親は、子どもたちの「応援団長」です。

今の時代、大人も生きにくく、うつ病になる人が増えて、自殺者の数が増え続けています。その世の中で、当然、子どもも生きにくいのです。優しく見守られないままに、追い立てられて、自分の安心できる場をもてないでいる子どもが増えています。将来への希望を見つけることがむずかしくなっています。

私が子どもの頃、近くに住んでいた母方の祖母（90歳を過ぎて亡くなりました）は、毎日のようにわが家に来て、お茶を飲んでおしゃべりをして、ひとときを過ごして帰っていきました。私はその祖母が、ときどきひとりで縁側に座って庭を眺めたり、池の前にたたずんでいたりする姿を見て、なぜかドキッとしたことを覚えています。ドキッというよりは、もっと深い感情だったかもしれません。老いの中の孤独感・さみしさをその背中に感じました。それは、「かわいそう」といったものではありませんでした。今思えば、何か言いようのない〈畏怖の念〉に近いものを抱いたのだと思います。

そしてまた、私の母は91歳で亡くなる1年ほど前に、しばしば「もう疲れちゃった」と言っていました。それを聞いて、私は祖母に対してのものとおなじ思いを抱きました。

人は自分の意志で生まれてくるわけではありません。それでも生まれたからには、お迎えが来るその日まで生きていくのです。その道のりが、価値のある大切な、その人らしさなのだと思っています。

私は、年老いた母を前にして、「その日」まで静かに、優しくそのそばにいることが大切なことで、またそれしか私にできることはないのだ、と思ったものでした。本人がその人生をまっとうするのを、そばにいて見届けることが、私の役目だと思いました。

私たちは、自分の人生の最後を自分では閉じられません。何か大きな力で決められて、支えられているような気がしています。私は特定の宗教をもっていませんので、その力は八百万《やおよろず》の神々のものだと勝手に思っています。

数年前にある人気俳優が、ビルのかなり高いところから飛び降りましたが、幸いにも大事には至りませんでした。マンションの6階から飛び降りて、手足の骨折ですんだ方もいます。そうかと思うと、ベテランの植木屋さんが、1mの高さの塀から落ちて亡くなることもありました。

自分たちは気がついていないことですが、私たちのDNAには寿命が記されているのだということを、数年前に聞いたことがあります。人の命の不思議さです。

最近ではうつ病で、死に急ぐ方が増えています。なぜ生きねばならないのか、その「意味」がわからない……と訴える若い方も多くなっています。患者さんから、生についての質問をされるたびに、私は、この祖母と母の2つの情景を思い出します。私がこの2人から教えてもらったこと、つまり孤独に耐え、「その日まで」疲れても生きていく。その力をもって私たちは生まれてきているのだということを、彼らに心から伝えたいと思って接しています。つらいことも多い、けっして楽ではないことも多い世の中、だからこそお互いに助け合っていくのだと、伝えたいと思っています。

以前、「再決断療法」の治療者であるメアリー・グールディングの著書の中に、「生きようという決心は、とても悲しくて孤独でもありうる」（『自己実現への再決断――TA・ゲシュタルト療法入門』深沢道子訳、星和書店、1980年）という言葉を見つけて、私は心から納得したものでした。

だからこそ、人はふれあって寄り添って、生きていきたい。幼い頃からの、愛されている、受け入れられているという体験の中で、私たちは生き続ける心のパワーを、蓄えていくのです。その貯蔵庫はおへそ（丹田）にあると、私は感じています。だからこそ、幼い子どもには、力強いエールを送って、いつも温かい応援団長でありたいと思います。

第2章　親の悩み・子どもの悩み

私のクリニックには、いわゆる精神の病気ではなく、人間関係のむずかしさや生きにくさを訴えて見える方が多いのです。そしてそのほとんどの方が、親との関係で悩んでいます。どんなにか子どもが親の愛情を求めているか、親子の関係、しがらみの重さを示す例として、相談のいくつかを紹介します。

1　障害をもつ子どものいる家庭

●Oさんの頼もしさ

子育てについての私の講演会の後で、相談会をしました。そこへ若い夫婦が幼い赤ちゃんを抱いて見えました。見ればその坊やには、兎唇《としん》（口唇裂）の手術のあとがあります。そのお母さんは静かな落ち着いた物言いで、ある日のできごとを話してくれました。

赤ちゃんが生後数カ月で、まだ手術も受けていない状態の頃、ベビーカーに乗せて買い物に行ったときのことです。買い物をしていると、突然4歳くらいの男の子が、「この子、変だ！」と、大きな声で叫んで、赤ちゃんのところに突進してきて、その口に両手の指を入れて引き伸ばしたとのこと。

お母さんは、とっさのことでびっくりして、「やめて！」とその子の手を振り払ったそうです。走り去る子どもの周囲を見回しても、母親らしい人は見かけなかったそうです。後でレジに並んでいるときに、その子どもが母親と一緒にいるのを見かけたそうですが、落ち着かない状態で、母親が手を焼いていたように見えたとのこと。何も伝えないまま、帰ってきたといいます。

これからも数回の手術を受けなくてはならないけれど、自分らはそれを受け入れて大切に育てていきたいといいます。明るい表情で毅然と話す母親は、とても頼もしく、安定した方と見ました。

そばで静かに聞いていたご主人は、「そんなことがあったのか……」と暗い表情でした。心配するといけないので話さなかったと、夫の顔を優しいまなざしで見つめます。「今後もこのようなことがあるかもしれないので、子どもを守るために、どのようにしていったらよいのか」と質問されました。

このお母さんが、どんなにかびっくりし、つらい気持ちになったことか……もちろん、赤ちゃんも痛い目にあって、びっくりしたことでしょう。

そのことをねぎらいながらも、私は、子どもを連れて買い物に出たこの方の率直さと勇気をほめました。その場で、毅然として、男の子の手を振り払ったことはもちろんすばらしいことです。さらにこの率直さこそが、病気と正面から向き合っている態度こそが、今後お子さんにとって力強い支えになると信じています。かならず、このご両親のもとで、お子さんは伸びやかに育っていくでしょう。この対応で十分です。あえて他のオプションがあるとしたら、こう言うこともできるかもしれません。

その子どもの両手をとって、しっかりと目を見て、「そうね。君と違うわね。だからって、そんなひどいことをしてはいけません。赤ちゃんは泣いているでしょう。君のお母さんのところに行きましょう」と、母親のところへ行って、事情を説明することもできるでしょう。

このやんちゃなお子さんのことを付け加えるなら、親は、人ごみの中で5歳以下の子どもを視野から離してはいけません。いたずらをするかもしれないのはもちろんですが、迷子になることや誘拐されることもあるかもしれません。手をつなぎ、親から離れてはいけないと教えましょう。

●Aさんのイライラ

Aさんは中学生の頃に受診しました。太り過ぎを気にして、食事が不規則になり、イライラして母親に当たっているとのことでした。Aさんが幼稚園の頃に弟が生まれましたが、彼は重度の精神障害でずっと入院をしていたので、お母さんはその世話で、家を留守にすることが多かったといいます。その間、父方の祖父母が、Aさんの世話をしてくれました。

祖父母は、かわいそうだといっては、小遣いをくれて、たくさんのおやつを用意してくれました。そのためにAさんは、どんどん太って丸々していきました。その身体のことを、父親やおばあちゃんがしばしば口にするのがいやだったといいます。

おばあちゃんの荷物を持ってあげると、ほめてくれるどころか、「だてに太っているのではないのね」などと言われて悔しかったと嘆きます。お母さんは、そういうことを聞いていても、Aさんをかばうことをしなかったといいます。でもお母さんは、忙しい中でごちそうを作って、彼女のために誕生会を開いてくれました。そして少なくとも自分の太った身体のことをあれこれ言うことはなかったといいます。

そんなお母さんのことは信頼していましたが、理由のないイライラが募ってくると、乱暴したり八つ当たりをしたりしたくなってしまう、と泣いて訴えました。祖父母が、あれこれものを買ってくれたことは、自分を思ってのこととわかるが、お金やお菓子ではなく、話を聞いてほしかった。一緒に遊んでほしかったと訴えました。

父親は、身体のことを批判するばかりで、何か不満を言うと「養ってやっているのだ」と切り捨てるように言われるので、何も言えなくなってしまったといいます。幼稚園や学校でいじめられることがあっても、お母さんに心配をかけたくなかったので、言わなかったといいます。

「いくら弟が障害をもって生まれて、その世話で大変でも、あなたもお母さんにとって大切な子どもなのよね。さみしいと訴えていいのですよ」と私は彼女に伝えました。Aさんは、自分の率直な気持ちを認めて、そう感じる自分を許すようになりました。そしてAさんは、祖父母や両親へ手紙を書いて、その気持ちを伝えました。それは怒りと、子どもらしい甘えを表現したものでした。

親が、弟さんに手をとられることは変えようがありませんが、自分の率直な気持ちを伝えることで、Aさんは安定していきました。もちろんご両親や祖父母が、できる限り彼女の気持ちにそっていったことで、うまく解決したのだと思います。現実は変わらなくても、気持ちを受け入れてもらうことによって、人は変化して成長できるものなのです。

家族に長期にわたる病気や障害を抱えた人がいるときには、看病し世話をする人たちは大変なストレスでしょう。その中で健康なきょうだいをどう世話をしていくか……大切な課題です。時間をかけることはむずかしいでしょうが、気持ちをかけること、常に心の視野に入れて気にかけていくことが大切です。

2　親の悩みが子どもに伝わる

●Nさんへのアドバイス

Nさんの2歳の娘の食欲がなくて、自分で食べようともしないので、いつも1時間以上食事に時間がかかってしまうと嘆きます。2歳になったのだから、食べさせてあげるのはいけないと思うので、叱咤激励、つい大きな声を出してしまって大騒ぎ。自分の食事もおろそかになってしまいます。

夫は帰宅が遅いので、彼もひとりでさみしい食事です。家族そろって楽しく食べることをお勧めしましたが、夫の仕事柄、平日はそういうわけにもいかないとのこと。それならばせめてお母さんと2人の食事を楽しくしたいものです。私はNさんにつぎのようなアドバイスをしました。

「自分で食べやすいように、肉や魚、野菜をフォークでさしやすいように切ってあげましょう。自分で食べることができる状態にしてあげて、おしゃべりをしながら、さりげなくお母さんがお子さんの口に入れてあげるのです。このとき、お母さんが右利きならお嬢さんの右側に、左利きなら反対に座ります。

まだ2歳です。助けてあげましょう。そして、お母さん自身がおいしいと言いながら、ご自分も一緒に食べることです。無理強いしないで、おなかがいっぱいになったら、『ごちそうさま！』を言っておしまいにすることを教えましょう。1日に3回の食事です。それが、長時間で無理やりの苦痛なものになっては、つらいものがあります。お母さん自身が楽しく食べられるようにしたいものですね」。

よく絵にあるような、お子様ランチをすっかり平らげてしまう、そんなお子さんばかりではないのです。食欲にムラがあって当たり前です。私たち大人だってそういうものです。

●3歳のYちゃんの不眠症

Yちゃんは、生まれてこのかた夜間に眠らないので、困っているといって連れて来られました。遅い帰宅の父親を待って深夜まで起きているし、朝は早起きなのだといいます。親の方が寝不足で疲れてしまって、イライラして子どもに当たってしまう。この3年間、小児科や精神科をまわって相談してきたとのことでした。どこでも、「そのうちによくなる」「元気な子だから心配しなくてよい」「親だから寝不足くらいがまんしなさい」と言われてきて、ここが最後だと思って相談に来たとのことでした。

近くに実家があるので、みんなの助けで何とかやってきたけれど、このままだと不安だといいます。このお母さんはとても朗らかな方で、明るい表情で話しますが、私は、切羽詰まっているようすを感じました。

母親にそっくりなYちゃんは、おしゃまなそぶりで「わたち不眠症なの」と言って笑います。このYちゃんは両親双方の実家にとっての初孫で、みんなが寄ってたかってかわいがるので、どんどんおしゃまになる……と母親は笑っています。このままでは、数カ月後の入園も思いやられるともいいます。その言葉を聞いて、「わたち幼稚園には行きたくないの」「行かないもん」とYちゃん。

大勢の大人の中でペットになってしまっていて、年齢相当のしつけができていないと、私には見えました。母親の彼女への話しぶりは、まるで友だち同士といった調子でした。むしろ母親の方が素朴に見えました。私はお母さんに話しました。

「大人の中で娘さんをだめにしてしまっています。年齢相応の扱いをすることが大切です。娘さんと仲よくすることはいいけれど、あなたは母親だから、その役割を忘れてはいけません。おしゃまぶりを笑ってはいけない。笑うことでそれを奨励していることになる。8時には寝かせなさい。そのために、しばらくは薬を使いましょう」

そして、私はYちゃんに話しました。「子どもは8時には寝るものです。あなたはいい子だから、きっとできますよ」

毅然として話す私を、Yちゃんは大きな目をして見ていました。お母さんは今まで会った医者から、薬の害を話されていたので、薬に期待はするものの不安でもあると訴えました。「まったく心配ありません。このままではあなたが疲れ果てて、鬼のようになってしまう。その方が大変です」と伝えました。お母さんは、私の考えを祖父母たちにも伝えて協力してもらうと約束して帰りました。

2週間後です。お母さんは別人のように落ち着いたようすで、子どもの手を引いてやって来ました。Yちゃんはお人形を抱いてかわいい表情をしています。何年ぶりかで熟睡をして、ほっとしていますと、お母さんは本物のにっこり顔です。父親も喜んでいるとのことでした。大人扱いをしていることについては、祖父母もわかってくれて、みんなで協力してくれたとのことでした。

できるだけ近所の子どもたちと遊ばせるようにしていたら、急に子どもらしくなって、親の方がびっくりしているとのことでした。その後2カ月足らずの間に薬を使わないでも眠れるようになって、治療を終えました。

子どもは幼いときから、世の中には理屈抜きで従わねばならない規則があることを学ばねばなりません。罪の意識やものの善悪を、単純な二者択一のこととして腹の底で覚えるのがこの時期の課題です。親は人間としての価値は子どもとおなじでも、その役割として親子の境界をきちんとして、優しいまなざしと断固として一貫性のある対応をしていくことが大切になります。この時期にそれをすることで、その後はお互いのエネルギーを無駄に使うことなく、子どもの成長をうながすことができるのです。

●3歳のM君を苦しめた離婚

M君は、食事をまったく食べなくなったために小児科から紹介されて受診しました。8歳のお姉さんとお母さんに付き添われてきたM君は、口唇が乾いていて憔悴した状態でふきげんな表情でした。賢そうなお姉さんは、まるで母親のようにM君に話しかけたり背中をさすったりしていました。

お母さんの話では、夫婦共働きで円満に暮らしていたと思っていたところ、ある日から急にお父さんが帰ってこなくなった。職場に連絡をすると、「離婚してくれ」と言い、理由も言わず居場所も教えないので、母親は混乱してしまったとのこと。それ以来、パパっ子のM君は、「パパが帰ってくるまでは食べない」と言い出してまったく食事を取らなくなったとのことでした。哺乳瓶に入れたミルクだけを飲んでいるとのこと。

付き添っているお母さんの方が疲れ果てていてつらそうに見えました。まずそのお母さんの気持ちに焦点を当てました。怒り、不安、そして悲しみを十分に聞きました。そして自分のことと子どものことを区別して考えるようにと伝えました。夫を変えることはできないので、自分がどうしたいのか、どうできるのか……を一緒に考えていくことを提案。

父親にM君の状態をありのまま伝えて、父親として今後どうするつもりなのか、子どもたちに説明をするように話すことを勧めました。

そしてある日、母子3人で父親に会いました。父親はそわそわとして落ち着きなく、唐突に「もう家には帰らないから、じゃあな」と言い残して立ち去ったとのことです。その間20分足らずであったそうです。

その日の夜、M君はお母さん特製の名前入りのオムライスをむさぼり食べました。お姉さんは、「お母さん、私はもう大丈夫だよ」と言ったとのこと。

離婚をめぐる問題を抱えた親や中学生以上の子どもに、私は『パパとママの離婚――親と子のためのカウンセリング』（リチャード・A・ガードナー、深沢道子訳、社会思想社、1993年）という本を勧めています。このお母さんも読んで、子どもへの気配りができたと喜んでいましたが、驚いたことに8歳のお姉さんも読んでいたといいます。一緒に住んでいるおばあちゃんにわからない漢字を聞きながら、2回も読んだとのこと。私の知る限り、この本を読んだ最年少者です。これを聞いて私は涙の出る思いでした。

この後間もなくお母さんは離婚を決心しました。「早く落ち着いた家庭を取り戻して、お姉ちゃんにも子どもらしい毎日を送らせたい」お母さんはそう言って治療を終えていきました。お姉さんがお母さんを心配して、親のように気遣っている、これはよくないことだと、私は常々考えていましたが、お母さんもきっとおなじように考えていたのでしょう。

夫婦は他人ですが、親子は血のつながりのある関係です。親が離れても、親子の縁は切れません。この区別をしないと、混乱や悲劇は大きくなります。子どもを味方につけようとしたり、逆に八つ当たりをしたり、夫婦のトラブルに子どもを巻き込んではいけません。

●Cさんの産後うつ

Cさんは、二男を出産後に軽いうつ状態になって治療に来ました。産後うつ病です。具合の悪いときには実家の母親に助けてもらっていましたが、間もなく元気になって、2人の男の子の世話を一手に引き受けなければならなくなりました。

赤ちゃんに手を取られていると、4歳になったばかりの長男が、指しゃぶりをしたり食事をひとりで食べようとしなくなったり……と赤ちゃん返りをするようになりました。もうすぐ幼稚園に入るのに、どうしたらいいのか、とあせってイライラする日が続きました。何もかも放り出したくなってしまったと、泣いて私に訴えました。

夫には週末の休みがあるけれど、自分にはそれがない。朝から晩まで、子どもや家事に追われて息が詰まりそうだ……と嘆きます。子どもを外に連れて行った方がよいと思っても、その気にならない……と自分を責めます。私は、ゆっくり話を聞いて、彼女をねぎらいました。病み上がりに2人のお子さんを見ていくのは大変なこと。がんばらないで、ご主人や実家のお母さんに頼ることを勧めました。休日に、お母さんに赤ちゃんを頼んで、ご主人と長男と3人で出かけることなどの提案もしました。

お兄ちゃんは、もう幼稚園に入る歳……と考えるのでしょうが、まだ4歳。お母さんを取られてさみしい思いをしている、やきもちを焼いている……そうした気持ちを、赤ちゃん返りをすることで表現していると考えたらどうでしょうか。

この時期には、お兄ちゃんの方にたくさんのエネルギーを注ぐことです。赤ちゃんにおっぱいを飲ませながら、そばにお兄ちゃんを座らせて、話しましょう。「あなたもこうしてお母さんのおっぱいを飲んで大きくなったのよ。飲んでみる？」と、飲ませてあげるのもよいでしょう。

私は小学生の頃、叔母が従兄弟に、おっぱいを飲ませているのを見て、どうしても飲んでみたいと思って、飲ませてもらったことがありました。今でもその味を覚えています。薄くて生ぬるく、少しもおいしくないものでした。がっかりすると同時に、赤ちゃんてこんなまずいものしか飲めないなんてかわいそうだと思ったものです。

私の娘たちが小学校へ入った頃、義妹が3歳と1歳半の子どもを連れて、わが家に逗留。近くの産院で3番めの子どもを出産しました。その赤ちゃんの授乳のようすを見ている4人の子どもたちの表情は、それはそれはかわいいものでした。うっとりして見とれ、あるいは自分も舌を丸めて無心にそれを吸って……とよだれをたらさんばかりです。「君たちも飲みたいの？」私の問いかけに、全員で「うん！」と、目を輝かせて頷きました。

私は近くの薬局で、小さなプラスティックの哺乳瓶を買ってきて、彼らにミルクを与えました。大喜びで、横になって目をつぶってうっとりと飲む子、ゴムの乳首を唇に当てたり咬んだりする子。吸いくたびれて、ふたを取って飲む子。その後しばらくの間、哺乳瓶は彼らの大切なおもちゃになりました。同時に、赤ちゃんの授乳に関心を示さなくなりました。

親は、お姉さんだから、お兄さんだから……と、がまんをさせたがりますが、先に生まれたのは彼らの責任ではないのです。がまんの前に得をすることも示してあげましょう。大きいから、寝る時間が少し遅くてもいい、お母さんに本を読んでもらって寝る。おやつが少し多い、お父さんとお出かけができるなどです。こうした経験があると、がまんもできるものです。

受け入れることで、離れていくことができるのです。受け入れるのが大変だと思う人もいると思いますが、これは時間の長さではないのです。こちらの構えです。受け入れることでかえって省エネになると、私は思っています。

●Rさんの体験

Rさんは軽いうつ状態で見えました。意欲がないばかりか、何かにつけて、夫と言い合いになって、にっちもさっちもいかなくなると訴えました。それを見ている小2の娘が、最近学校へ行かなくなったとのこと。考えてみると、いつも自分がイライラして子どもにも当たっていたといいます。自分が不眠になり、娘も不眠だといいます。

本人の問題と娘さんのそれとが重なって、整理のできない状態が見て取れたので、「まずはご自分のことから考えていきましょう」と提案。薬を使いながら、Rさんの幼い頃を振り返りました。

私のところに来る前にたくさんの心理学の本を読んでいた彼女は、自分を分析します。分析というより批判といった方がいいかもしれません。そういうことに私が注目しないでいると、Rさんは、つぎのような話をしました。

4歳の頃に、コップに入った水を相手にして、ひとり遊びをしていたときのこと。水が、あたかもジュースであるかのようなふりをして遊んでいると、父親が「4歳にもなって水とジュースの区別がわからないなんて馬鹿だ」と言った。それ以来、自分はおかしい子なのだと感じて、自信をもてなくなった。

いつもプライドを傷つけられると感じて、夫とも口論になる。人に馬鹿にされたり、ないがしろにされたりすることで、敏感になって傷ついてしまうのだと言いました。夫とのけんかも、自分から、自信がなく、だめな自分であると感じるように、けんかを吹っかけているのかもしれないといいます。

「あなたのお父さんは、何かでイライラしていたのでしょうか。子どもにひどいことを言いましたね。とんでもないこと。あなたはすばらしい想像力をもっています。4歳で、すばらしいこと」

私は、当然感じてよい気持ちを表現して、彼女をねぎらいました。

「自分がそうあってほしいと思う親」になって、自分に話しかけるやり方を通して、自分の過去のことをいろいろと思い出してつらいときに、Rさんは自分を癒していきました。そうした時期に、娘が食卓でコップの水をこぼしました。「大丈夫？」と声をかけたら、娘がびっくりして、「ママは変わったね」と言ったそうです。前だったらきつく怒ったものだと気づきました。

自分自身でも変わったと感じているのだと彼女は言います。今では娘のちょっとしたしぐさ、かかとなどでさえ、いとおしくかわいいのだと、うれしそうに話しました。

私は娘さんの不登校は、母親への不安感と、両親のいさかいを心配してのことと理解して、しばらく放置することにしました。放課後は友だちとよく遊んでいましたし、明るく活発でしたので心配はいらないと思いました。案の定、母親が、自分の親との関係を整理して安定してくると、娘さんは元気に登校し出しました。

●E君のチック症状

E君は8歳です。顔をしかめる、首を振るというチック症状で連れて来られました。お母さんは私が何も言わないうちから、自分の小言がいけないのです、と言います。そしてまた担任も厳しくて体罰が多いとのこと。忘れものが多いとか落ち着きがないので、E君は担任に嫌われていて、つぶされることが多く、ほかの子からいじめられることも多いと訴えました。

お母さんから見ると、E君は成績がよいけれど、最近字が汚くなった、ためらい線で字が乱れている、ものぐさで動作がのろい、だらしがない、父親譲りの楽天家だといいます。几帳面な母親はイライラしてしまうと訴えます。

父親は、のんきに、「自信がつけば何とかなるから、ゆっくり見てやろう」と言っているとのこと。E君自身は、私と2人になると、担任はそんなにひどい人ではないし、体罰もやられたことはない、と言います。むしろお母さんが口やかましくてぶつのだと。

母親と私の面接です。

「子どもに体罰をしてしまう自分について、何か気がついたことはありませんか？」との私の問いかけに、お母さんは自分の母親のことを話してくれました。同居していた祖父は、姉ばかりをかわいがって自分に体罰をした。そんな自分を母親はかばってくれるどころか、何かにつけて文句ばかりで口うるさくしていた。悔しかったと泣きました。私は、その悔しさを理解してねぎらいました。自分を癒すやり方を教えました。

つまり、まずは自分が感じている祖父や母親への本当の感情を話すこと。その気持ちを当たり前だと認める、受け入れること。そして自分にとっての理想的な親がそこにいたらどう反応してくれるだろうか……何を言ってもらいたいか……と想像すること。その親になって、自分を癒すこと。あるいは、理想の親になって、祖父に体罰をされたときの自分に、手紙を書くこと……などです。

1週間後にはチックは少なくなり、表情の明るくなったE君は、たくさん遊んでいるとのことでした。お母さんもゆったりしていました。お母さんは、E君の字がきれいになったことを話します。そして、思い出したら、自分自身がいつも祖父に字が汚いと叱られていた、けっしてほめてくれなかったと言って泣きました。おなじひどいことを、息子にしていたのだと気がつきました。

その後のE君は、軽いチックを残しながらも意欲的になって、楽しく登校するようになりました。お母さんが変わったら、少し甘えるようにもなったといいます。お母さんは担任を批判するのではなく息子のために話し合いをもてるようになりました。

●A君のお母さんの葛藤

A君は小学4年生。学校で友だちをいじめてばかりいるので困る、と担任から母親に注意がありました。担任が本人に話してもなかなか治まらないのだと言われました。実は家でも弟をいじめて困ると、母親が相談に連れて来ました。

いろいろと話を聞いていくうちに、お母さんが2人の子どもをおなじように扱えなかったことがわかりました。結婚して間もなくA君を産みましたが、当時お母さんは、仕事に熱中して充実していたといいます。産後半年間、休職した後、保育園に預け育てていましたが、何かにつけて冷たく当たる姑にそっくりなA君に、わが子ながら生理的な嫌悪感を抱いていたといいます。

賢いお母さんは、自分を戒めて行動にも気をつけていましたが、心の距離はできてしまったと、情けなそうに訴えました。2歳違いで二男が誕生。このときには、なぜか率直に育児に専念したい……と思って、退職。A君だけを保育園に預け、二男を家で育てました。その頃から、A君は風邪を引きやすく、また、わけもなくぐずることがあったといいます。それでも何とか切り抜けてきたのだといいます。

A君自身は、『はだしのゲン』のお母さんのように優しいママがいい、と言います。母親は、ゲンのように、たくましくきょうだい思いの子がいい……と。悲しいすれ違いです。

理性的なお母さんに、お兄ちゃんでいることで得なことを作ってあげることを、私は提案しました。早速お母さんは、A君の寝る時間を30分遅くして、その時間に本を読んで聞かせました。それが本人の希望でもあったそうです。学校から帰った後のしばらくの時間、おやつを食べながらおしゃべりを楽しむようにもしました。

A君が幼い頃には、抱くことに少し抵抗があったお母さんも、大きくなったA君と向き合って会話をすることは、抵抗もなくだんだんにかわいい、いとおしいと思うようになりました。

私は、人の指先や鼻の穴の形に興味があります。それを観察するのを、ひそかな楽しみにしています。私は、A君が、特徴のあるコロンとした親指をしているのを見つけて、彼に指摘しました。「そういう指の人は器用なのよね」A君は喜んでいました。

つぎの診察に来たときに、「ぼくの指のこと、お母さんもお父さんも知っていたよ！」と、嬉々として報告してくれました。「もちろん！」と私は言いました。間もなく彼は穏やかな子どもになっていきました。

●Fさんのレイプ事件

Fさんは、中学2年生です。学校のクラブ活動を熱心にしています。ときどき帰宅が遅くなります。

ある日、帰宅途中でレイプにあいました。つらい気持ちで帰り、家族に気づかれないようにしていました。翌日その気持ちを学校のカウンセラーに話しました。親には言いたくないと言うので、カウンセラーは自分が付き添って婦人科へ。そしてまた私のところに相談したいと連絡をしてきました。

私は「つらいでしょうが、親に話さないわけにはいかない」と伝えて、お母さんと一緒に来てもらいました。Fさんは、母親は忙しく働いているので心配をかけたくない、と言いました。お母さんは、生活が大変で精一杯なのだと訴えました。

そのような状況ではあっても、お母さんは、娘が自分より先にカウンセラーに相談したことで傷ついていました。その悲しみを怒りで表現します。「自分がこの年齢のときには、家の手伝いで大変だった。のんきにクラブ活動なんかできなかった。こんな目にあうのは油断しているから、だらしがないからだ」となじります。

「お母さんもつらいのですね。でもこのことは覚えておいてください。性の被害にあうのは、被害者が悪いからではありません。彼らは狙ってくるのです。Fさんの苦しみを救えるのはお母さんの優しさです」私は精一杯、説得しました。

その後のFさんの話では、お母さんの怒りはなかなか治まらず、つらい気持ちでいるとのこと。その上、父親は何も話さないばかりか、視線をはずしてまるで自分が汚いものでもあるかのような接し方だといいます。つらい。だから話さないほうがよかったのだと言いました。

ときどき未成年の方が、親に内緒で相談に来ます。私は面接の中で説得をして、親と連絡を取るようにしています。親の助けが必要な年齢ですから、親と話し合う機会をもたせ、子どもを助けてもらうように働きかけています。大方はうまくいくのですが、Fさんのようなこともあるのです。残念なことです。

親自身の心の荷物を解けないままで、子育てをしていると、子どもが大きな問題に出合ったときに助けることがむずかしくなります。子どもに嫉妬心を感じることもあるのです。

悲しいかな、親は自分の荷物と子どもの荷物の両方を担がざるを得ないので、とても苦しい思いをすることになります。まず自分の手当てをしてほしいと思います。そして子どもの応援をしてください。子どもたちはあなたを待っているのです。

●Kさんの娘さんは「宇宙語」を話した

Kさんは、いまどき珍しい4世代同居、8人家族の若いお嫁さんです。お子さんは6歳と4歳の娘。夫の祖母と姑の折り合いがよくないために、子どもの行動がおかしいのだと訴えます。

おばあちゃんも、大おばあちゃん（曾祖母）もそれぞれはよい人で、2人の娘さんをかわいがってくれていて、娘さんたちも大好きで慕っています。でも、2人の仲がよくないことに気づいていて、子どもながら気を使っているとのこと。おばあちゃんと大おばあちゃんが一緒のときには、長女はおばあちゃんとは話しても、そばにいる大おばあちゃんの顔を見ようとはしないで、目を白黒させている。そんな娘を見るのはつらいといいます。家の中の力関係を、子どもながら悟っているようだと言います。

常日頃、年寄りを大切にと教えているのに、この状況をどうにもできないのでつらいと言います。Kさんが、気を揉んでいるうちに、その曾祖母は、自ら自分の娘の家に移っていったとのこと。Kさんは、この賢いおばあちゃんに、教えられたことが多かったと、胸をなでおろしていました。

子どもというのは、敏感に、言葉にならない言葉を読み解いているものです。これをエリック・バーンは、「火星語・宇宙語を話す」と言いました。

3　虐待は心を破壊する

●Uさんの決断

Uさんは、3人きょうだいの真ん中でしたが、幼少の頃から精神の病気を患っていると思われる母親からひどい虐待を受けていました。学校へ行かせてもらえず、家庭の中で、風呂場やトイレに閉じ込められて、ほぼ軟禁状態でした。

14歳のときにパジャマ姿で家を抜け出しましたが、助けを求めて行った交番のおまわりさんは、まるで5歳の子のようにしか見えないUさんが、いたずらに家を抜け出したと勘違いして、母親の元に返しました。2回目もおなじ結果でした。Uさんは神様に祈って、3回目を決行しました。これでだめならあきらめようと思ったそうです。

神様はいました。3回目に交番にいたおまわりさんは、こうたびたび家を出てくるのはおかしいと考えて、児童相談所に通報しました。すぐに児童相談所に保護されました。その後、あまりにも小柄で、あちこちに傷痕があるので、精密検査のためにこども病院へ入院しました。精神科のカウンセリングを続けましたが、父親との面接では、家庭での虐待を知りながらも、どうにも助けられなかったと言いました。

Uさんは、「家に帰るように言われても、絶対だめだと言ってね」と私に懇願しました。退院後、父親の希望もあって養護施設に行くことになりました。

14歳でしたが、学籍は小学校2年生のまま忘れ去られていました。きょうだいが登校していたにもかかわらず、教育の現場からも見捨てられていたのです。その責任を取ってもらうため、Uさんを小学校6年生の学籍に入れてもらうことになりました。退院後も施設にいる間はずっと、カウンセリングを続けました。

Uさんは18歳で中学校を卒業すると同時に治療を終了して、住み込み就職をしました。その数年後に施設で一緒だった人と結婚、お嬢さんを産みました。とても細やかに育てていました。お嬢さんも生き生きして、子どもらしい表情をしていました。

数年後、男の子が生まれましたが、そのときのUさんはやせ細り、長女の目は暗くてさみしいものに変わっていました。

3歳の坊やが、母親のUさんにひどい言葉、失礼な言葉を言うのに気がつきました。「オメー、なんだよー」「あっちへ行けよー」「食うなよ」と険しい表情で言います。まるでいばりんぼの親父のようでした。

「何ですか、その言い方は。ママに失礼でしょう」きつく叱る私に、幼い坊やは半ベソです。

Uさんは、ためらいながら家庭の現状を訴えました。実は、夫が最近自分を虐待するようになった。子どもが2人になって経済的にも大変になったら、何かにつけて暴力を振るい、ひどいことを言うのだといいます。食事を与えない、夫がいるときには台所に立っていろと命じる。娘は反発して、自分を助けようとするが、おなじように乱暴されるのだといいます。息子は父親の真似をして、さっきのようにひどいことを言うのだといいます。

夫も自分とおなじようにひどい虐待を受けて育ってきて、施設に入りましたが、まったく心の治療を受けていないので傷は癒されていないのだと話してくれました。夫は子どもを叱ることができず、どう扱っていいかもわからないで、イライラすることが多いようだといいます。

私はUさんに、「そのままではいけない。子どもたちのためにも家を出なさい。児童相談所や保健センターに相談して助けてもらいなさい。ひどいことをしている坊やも犠牲者です」と伝えました。

Uさんは、精一杯のがんばりで、その後、家を出ました。そしてしばらく後に離婚が成立しました。お嬢さんは元のように明るい子どもになり、5歳になった坊やは何かにつけてお母さんを気遣う子どもに成長しました。Uさん自身も、周囲の人の助けで毅然として振る舞い、子どものしつけも行き届いてすてきなお母さんになっています。

つらい過去があるけれど、自分は十分な治療を受けて、たくさんの人に助けられて幸せ。そのおかげで今回もつらい中で大きな決断ができたのだと感謝の言葉を述べるUさん。見事な生きざまに、私は頭が下がります。

虐待を受けて育った人たちの多くは、自覚のないままに自分の中に親がしてきたその暴力をインプットしてしまっていて、子どもに当たります。あるいはまったく逆の立場に立って、気遣いをしすぎて叱ることができない、しつけをできない人たちがいます。虐待を受けた子どもたちを危険のない環境に移すことは、第一にしなくてはならないことですが、その上で、心の傷を癒すこと・心の治療がとても大切になります。

●Tさんを苛《さいな》む罪悪感

Tさんは幼い頃から父親に虐待されていました。ささいなことで怒鳴られ、殴られていました。どうして自分が父親に嫌われているのかわからない。でも一生懸命に気に入られるようにと勉強に励んだといいます。

少し大きくなると、たたかれながらも、父親が「長男なんか嫌いだ」と言うのを聞きました。どうやら自分が長男だから、父親から嫌われているのだと知りました。自分が長男に生まれたのがいけなかったのだ……と、怒鳴られ、たたかれるたびに、「ごめんなさい。父さん」と心の中で謝っていました。

Tさんは高校生の頃、自分の父親が8人きょうだいの末っ子で、一番上の兄だけが同居の曾祖父母にかわいがられていて、大学への学費を出してもらったのだと知りました。父親の両親は、経済力がないために他の子どもは高校までしか出せませんでした。勝気な父親は、そのことで長兄を恨んで育ったとのこと。にっくき長男である伯父の顔をTさんに重ね合わせて、思いっきりいじめて、子どもの頃の鬱憤を晴らしていたと、理解できます。

「長男として生まれたのは、あなたのせいではありません。あなたに難癖をつけて暴力を振るうのは、許せません。それを虐待といいます」Tさんに私は伝えました。

彼は30歳後半になるまで、社会生活を送ることがむずかしい状態でした。大学、大学院博士課程……と進んで高学歴で、いつも成績抜群。しかし、いざ就職して社会生活がはじまると、決まってうつ症状に悩まされました。薬物療法だけでは自分が変われないと考えて、私のクリニックに見えました。

「バットで親を殴り殺したという子どもがいましたが、自分も6年生の頃に、バットを持って父親の枕元にまで行ったことがあった。でも疲れきって熟睡している父親の顔を見ていたら、殺せなかった。こんなにひどい目にあっていても、やはりぼくはこの人の息子だ。ぼくは父さんが好きだ、と思ったら、殺せなかった」と涙ながらに語りました。

率直な自分の怒りの気持ち、悲しさを話すことでTさんの気持ちは癒されていきました。いつも「自分にとっての理想の親」を自分のそばにおいて、めげそうになる自分に語りかけます。「君は悪くないよ。それでいいのだよ。大切な子だよ」

女の子に生まれる、男の子に生まれる、あるいは長男に生まれる……それを理由に親に疎まれることがあります。子どもは、それはあたかも自分自身の罪であるかのように感じて、罪悪感を抱いて苦しむことがあります。「だれのせいでもなく、神様のいたずら」と私は教えます。親も覚えておいてほしいものです。

●Sさんの「親殺し」

ある日、長いうつ病との闘いをしてきたSさんが転院してきました。ときどき、数カ月間仕事を休む状態です。彼のお兄さんは7歳年上でした。父親は東大出のエリート会社員。常日頃、大学へ行くなら東大だ、と長男に話して、期待をしていました。お兄さんは、父親の期待にそってよく勉強をしていました。

Sさんは、幼い頃から母親に甘えてべったりくっついていました。父親からは期待されないで、「だめな子」と思われていたといいます。父親から小言ばかり言われていたので、父親を嫌っていました。そんなときに父親が単身赴任で九州へ行ってしまいました。ほっとしました。いつも母親と一緒で幸せでした。数年後、彼が10歳の頃に、父親は急に家に戻ってきました。

Sさんはがっかりして、「父親なんか死んだ方がまし！」と思いました。するとその数日後、父親は亡くなりました。過労死だったとのこと。Sさんは、自分が父親を殺したのだと、心ひそかに思い続けていました。中学生の頃、「自分は、望めば人を殺すことができる……テロリストになってしまう……それがいやなら何もしない方がよい」と考えたといいます。理屈に合わないと思いながらも、大人になった今でもそう思ってしまう自分がいるといいます。

うつ状態のひどいときのSさんは、無口で、まったく表情がなく、固まっていて、まるで石のようです。「テロリストになる代わりに、うつ病になったのですね。いつまで、あと何年先まで、そうして自分を責めて、罰していくのですか？」私はSさんに問いかけました。同時にこう話しました。

「厳しくする親たちに、子どもはおびえて、そういう親を大嫌いになることがある。この人たちは自分の本当の親ではない、きっと優しい親が別にいて、いつか迎えに来てくれる……あるいは、よその家の子であったらよかったとか、こんな親はいない方がよい、死んだ方がよい……などと思うもの。幼いなりに、自分の置かれた環境の中で、どうやったら楽に過ごせるか、あれこれ思案して、彼らの知恵をいっぱい働かせて生き延びていくのです。あなたもそうした子どものひとりでした。だから自分を許してあげなさい。

第一、あなたに念じれば人を殺せる力などありません。もしあるなら、必殺仕事人家業を、私と一緒にやりましょう!!」

その後、服薬を継続していますが、仕事を休むことなく元気にしています。両親を殺してしまう事件が続いています。彼らは、Tさんや、Sさんのように、つらくさみしいときを過ごしてきたかもしれません。自分を認めてもらえないで、自分の居場所もない状態で、八方塞がりであったかもしれません。

●3歳のAちゃんが受けた性的虐待

Aちゃんは、急に、妙になまめかしい態度をするようになり、父親にすり寄って行ったかと思うと、イライラして父親に駄々をこねることが続いているとのことで、母親が相談に見えました。

寝室は親子3人で川の字で寝ているとのこと。入浴は父親が一緒とのことでした。

私は性的な問題があると感じて、入浴は母親がさせるようにと伝えました。すると、父親がそのことに執拗に反対するので、どうしたものか、と母親は困ってしまいます。そしてまた、Aちゃんが陰部にこだわって長いこと洗っているのが目にとまったといいます。その後間もなく、父親による性的虐待がはっきりして、この方はAちゃんを引き取って離婚をしました。

以前、8歳の子どもが同室で寝ていた祖父に切りつけられるという事件が新聞で報じられました。冷たい身体で布団に入ってこられていやだったので拒んだところ、切りつけられたとのこと。祖父は服薬していて意識状態がおかしかったと書かれていました。

家庭の中での男女の関係はデリケートな問題があります。家族だから、血を分けた親族だから……と、目をつむりがちですが、親子きょうだいであっても、男女の問題をはっきり見ておかねばなりません。

子どもは親との精神的・身体的なふれあいの中で愛情を感じて、自分の大切さを感じ取り、生きるエネルギーを生み出していきます。成長するにつれて、親が自分とは違った性であることを知っていきます。年齢と共に、異性の親にあこがれたり、嫌悪感を抱いたりしていきます。これは成長の自然の過程であるのだと、親が受け入れて、冷静な中にも深い愛情をもって接していくことで、子どもは、親の性を受け入れながら、同時に自分の性をも受け入れていきます。恐らくは、12歳から14歳頃までに、その課題をこなしていくのでしょう。両親の養育のもとでゆっくりと、こなしていくのです。この間に、いたずらに刺激を与えることはいかがなものでしょうか。

性の虐待は、加害者の精神的なあり方、はっきりいえばその病的な心情に大きな原因があります。しかし、一般的に家庭の中で幼い子どもを犠牲にしないためにも、大人が、性のサガといったものをわきまえて、日常を取り仕切ることが大切です。

年頃の子どもの前で、下着姿でいたり、ときには裸を見せたりすることは、戒めなければなりません。寝巻き姿のままでいるのもいかがなものでしょうか。上に何かを羽織ることを心がけたいものです。これは異性のきょうだいがいるばあいには、子ども自身にも心がけるように教えることです。異性のきょうだい、いとこたちを同室で寝かせないことも大切です。限られた狭い空間の中で、むずかしいこともあるでしょうが、こうしたことが性的虐待の一因となる可能性があることを心しておくことは大切です。

家の中ばかりではない、外でも性的被害にあうことがあります。母親は、娘の下着の汚れ、腹痛、不眠などにも気をつけましょう。親と視線を合わせない、夜になると落ち着かない、寝たがらない、元気がない、集中力がない、イライラしている、足を固く組んでいる……。年齢に関係なく、娘の示すいろいろなサインがあります。親は気がつかないで、教師が気づくこともあります。

この家庭での性の問題に関して、いつまで異性の親と入浴ができるか……といった質問をよく受けます。成人した娘と一緒に入浴しているという著名な芸能人がいて、話題になったことがありました。

最近はいろいろなことが自由になって、年齢による行動の差もなくなっています。自由の名のもとに、子どもが守られていないのです。自由を謳歌していると思いきや、つらく悲しいことになっていることもあるのです。中学生や高校生の女の子が、男性の大学生の家庭教師と、あるいは従兄弟と出かけて、ちょっとスナックに寄ってきた、といった話は珍しくありません。髪を染めて化粧をして、ちょっと大人気取りです。そして家庭の中で性的な関係をもったという話も聞きます。好意からのことも、レイプまがいのものもあります。

いずれにしても早い経験は、悲しいものになることが多いのです。私は、女の子には女の家庭教師を、と勧めています。そして年齢相応の行動の制限は大切なことです。

成人に達していないのに、ボーイフレンドが家に来て、個室に2人でこもっているとか、泊まっている、といった話もよく聞きます。いけないと言っても聞かないのだと、親はお手上げです。

断固部屋に入っていって、一緒にいたいならリビングで過ごすようにと2人に宣言することです。さらにそういう関係の友だちがいるなら、性教育をする必要があります。実際には、女の子にはピルを飲ませることです。コンドームの安全性は決して高くないことを教えること。妊娠してつらい思いをするのは女性です。ここ一番、親が規範を示して子どもを守ることが大切です。

私の友人のカウンセラーのお孫さんが通う中学校の話です。アメリカの東部の町ですが、性教育の一環で、赤ちゃんの扱いを学ぶ授業があるとのこと。CPUの組み込まれた人形があって、実際の赤ちゃんのように、泣いたりおっぱいを飲んだり、排尿をするのだそうです。オムツの交換をしないと泣き止まないとか、抱いてあげないと泣き出す……といった具合に、本物の赤ちゃんのように精巧にできている人形を、一晩家に連れて行って世話をする宿題があるそうです。

うまくいかないと赤ちゃん人形は泣き止まないので、自分も眠れません。疲れ果てて泣き出してしまう子どももいるとのこと。子どもを育てることがいかに大変か……実際に体験するよいチャンスになるといいます。性的な行為が、子育てにつながるものであるということを知ることが大切です。そしてまた、性教育は、自分がこの世に誕生し、ここまで育ててもらって、今ここにいる、かけがえのない価値のある存在であることを知るよいチャンスでもあるでしょう。

第3章　いじめの構造

1　駆る子と駆られる子

相変わらず、いじめられて、自殺をする子どもが後を絶ちません。

親が、友だちが、学校の先生方がなぜ助けられないのでしょう。殴る、蹴る、お金をせびり取る、使い走りにする……いろいろないじめの形があるようですが、最近ではインターネットを使って存在を否定するような、屈辱的な言葉を浴びせることが多くなっています。

いじめは、力関係の差がある人間の間で、弱い者がいやがることを、力のある者が行なうという行為です。ほとんどのケースが、集団で個人をいたぶるものです。その人の存在をも根底から踏みにじるものが多く、れっきとした犯罪です。

子どもは健康であれば、だれでも集団を求めるものです。友だちを作り楽しく遊ぶことが何よりうれしいのです。仲間はずれにされること、シカト（無視）されることはつらいものです。多少痛い目にあい、屈辱的なことがあっても、一緒に仲間でいられることがうれしいのです。やられている子は、ニコニコして耐えていることが多いのです。

休日に、私が大型犬を連れて散歩に出たときのことです。交差点で立ち止まっていると、中学1年生くらいの、色白の端正な顔立ちの男の子が塾のカバンを提げて、反対の側から横断歩道を渡ってこちらへ歩いてきました。

彼が渡りきる前に、彼の両脇に自転車に乗った日焼けした男の子たちが急ブレーキをかけて、挟み撃ちにしました。色白の男の子はその瞬間、おびえた表情になり、カバンを抱えて走り出しました。2人の子は自転車を道の隅に投げ出して追いかけました。獲物を捕まえる蛇のような目をして、口はヘラヘラ笑いです。中学生がこのような表情をするのだと、私は見ていておぞましくなりました。

団地の階段を必死になって駆け上がる子を、2人で挟んでいたぶっています。色白の子はおびえた顔に作り笑いを浮かべて逃げ回っていました。私は、何かあったら声をかけるつもりで、じっと3人を見ていました。いじめっ子の2人は大きな犬と私に気がついて、ヘラヘラしながら自転車に戻って帰って行きました。

私はしばらくの間、大きなカバンを抱えて小走りに団地の中に消えていく男の子の後姿を見送っていました。どんなにか怖かったろう、心臓が張り裂けそうだったでしょうに。子どもにあのようなおびえた表情をさせてはいけない。同時に、子どもが、舌なめずりをして獲物を追うような表情を、どこで覚えてくるのだろう、と考えたものでした。あの子はきっと家に帰っても親に訴えないでしょう。

2　頼れる大人が必要

ずいぶん前にクリニックにひとりで見えた青年がいました。私が書いた、親から虐待される子どもの記事を読んで相談に来たのだといいます。

ひとりっ子で、小さい頃から小柄だったので、いつも両親から、大きくなるように、たくさん食べろと食事を無理強いされていたとのこと。苦しくても、口にいっぱい食事を入れては、後になってそっとトイレで吐き出していたといいます。食事のたびにおなじことを繰り返していて、地獄のようだったと訴えました。これは虐待だと思うといいます。その経験から、自分は身体にも自信がもてないし、いつもオドオドしているので、勉強の成績もよくない。それで2年も浪人をしているとのことでした。

話は理路整然としていましたし、じっと座ってこちらを見る目は堂々としていました。私には、彼が虐待をされた人のようには見えませんでした。当時、フォークシンガーの高石ともやさんの書いた小さな本（『〝家族の話題〟シリーズ1　お父さんていいもんだ』社団法人日本家族計画協会、1991年）を、彼に渡して宿題を出しました。「家に帰ってこの本を読んで、小さい頃のアルバムを見ていらっしゃい。そして気がついたことをメモしていらっしゃい」。

1週間後に来た彼は、ニコニコしていました。

お父さんは、自分が小さい頃、釣りに連れて行ってくれた。5年生の頃に、「駅前に空手道場があるから行かないか?」と誘ってくれた。その頃は、いつも、学校でいじめられていた。お母さんが心配しないように、帰るときには元気で明るいY君と一緒に帰って、家につく頃にはニコニコ顔にしていたのだ、と言いました。でもきっとお父さんはそのことを知っていて、空手を勧めてくれたのだと気がついたといいます。

おかげで今、ぼくは空手の段をもっていて、道場で子どもに教えるようにと勧められている。大学に行かなくてもいいかもしれない……。親はぼくのために、大きくなるように、一生懸命食べさせようとしたのかもしれないと思えるようになった。自分で素直に、食べたくないとか、ごちそうさまと言えばよかったのだ、と笑っていました。

子どもは、精一杯の知恵を働かせて、自分がつらいのに、親のことを思って自分の気持ちを隠します。親を思ってというよりは、いじめられている惨めな自分が情けないのかもしれません。あるいは親にハッパをかけられたら、かえって惨めになるのがつらいのかもしれません。幼い子どもが、いじめられて泣いて帰ると、「やり返してこい! 弱虫!」と言わんばかりに追い立てる親がけっこういるものです。外でいじめられ、家庭でもいじめられ……。子どもは立つ瀬がありません。

今は、親が働いていて、子どもが帰宅したときに家にいないことが多いかもしれません。しかし、少なくとも子どもが小学生の間は、夕食のときに表情を見て、疲れた顔をしているとか、さえないとか、視線を合わせないでいる……などのようすを、気にかけていましょう。

また服の汚れがひどいとか、ノートや教科書が傷んでいる、汚れている、なくし物が多いことなどを気にかけましょう。もし子どもが登校を渋ったら、何かが起きていると気がついてやりましょう。無理に行かせないで、学校と連絡を取り、友だちの親からの情報なども参考にして、子どもを理解しましょう。学校へ行くより、勉強をするよりもっと大切なことがあることを、子どもに教えましょう。

「あなたが安心していられる場所でないなら、学校へ行かなくてもよい」と言ってあげたいものです。「まだ小さい子どもにとって、家庭では親に守られ、学校では先生が親代わり。もしその先生が君を守ってくれないなら、行かなくてよい」と言ってあげましょう。

いじめで亡くなる子どもの遺書に、親へのお詫びが書かれていることが多いのに気がつきます。さみしい思いがします。親に気を遣っている、親に頼れないで、小さいのに気を遣っている。実際に、多くの子どもの患者さんが、親に心配をかけたくないから言わないで……と前置きをして、つらい心のうちを話すことがあります。親孝行だなどとほめないでください。親が、柔《やわ》になっているということです。頼れる大人でいたいものです。

私は常々「子どもは親に迷惑をかけて育つもの。大人に迷惑をかけないで育つわけがない。親や大人は子どもを守って助けるもの。何の遠慮があるものか!!」そう子どもたちに伝えています。

3 いじめられる側といじめる側を同時に手当てする

こども病院でのことです。昼食時、小学2年生のA君が部屋のベッドに突っ伏して激しく泣いています。中学生のB君が、自分のテープレコーダーを勝手に持って行って使って、返してくれないのだといいます。

「それはひどい。食事をしたら、一緒にB君に文句を言って、返してもらおう」と励まして、おしぼりで顔を拭いてあげて食堂へ。

食後です。みんなが席を立つ前に私は言いました。「B君、A君が君に話したいと言うので聞いてください」「A君、さあ話しなさい」

私に励まされて、A君は、ベソをかきながらも、訴えました。「ぼくがいやだと言うのに、テープレコーダーを使わないで」

「泣いてもいいのよ。A君、偉かった。よく言いました。B君、これは本当なの?」私の質問に、彼は頷きます。

「そうしたら何と言うの？」

「ごめんなさい。もうしないから」

「A君、それでいい？」A君は頷きます。

「このことを見て、知っていた人はいますか？」数人の手があがります。「人のいやがることをしてはいけません。そしてそういうことをしている人を見たら、注意をしてやめるように言いましょう。黙って見ていたら、おなじ罪ですよ」私はみんなに話しました。

その後、ナースステーションで、なぜB君は、小さい子にあんなことをするのだろうか……とスタッフとの話し合いをしました。すると、受け持ちのナースから、彼のところには最近面会がない。お母さんが忙しくて来ない。そしてまた、彼はカセットテープが使いたいようだということがわかりました。医局に使わないレコーダーがあるので、もし使いたいなら彼に貸すこと。面会時間に、家族が来ないときには、ナースがかならず付き添うように……と決めました。

どんな理由があるにせよ、人のいやがることをしてはいけないということを教えなければなりません。しかし、いじめをするときには、かならず何か心に憤懣や悲しみといったねじれがあるので、その手当てをする必要があります。片手落ちにならないことが大切です。

いじめが社会問題になりはじめた頃、専門家ですら、いじめる側といじめられる側の2つに分けるべき問題を、ごちゃごちゃにして適切に対処できないでいました。いじめる方も家庭に問題があってかわいそうなのだ。いじめられる方も、だらしのない身なりで、汚くしているからみんながいやがるのだといった議論がありました。いじめの頻発という事態に大人がまったくの混乱状態でしたから、子どもを救うどころではなかったのです。

どんな人であってもいじめてはいけない、人のいやがることをしてはいけない、と、大人が断固として明快に教えることです。その上で、加害者であるいじめっ子の心の手当てもすることです。

第4章　子どもを伸ばす「ストローク」の魔法

子どもの心を伸ばすための栄養は、何でしょうか？　子どもだけでなく、人の心が縮んでいるときには、心の栄養不足があるように思います。

1　動物から学ぶ

動物たちは、子どもを生み育てるのに、それぞれの種に独特のやり方をもっているといいます。２年もの間、つきっきりで親に世話をされてから離れていく動物。半年で、ひとり立ちするもの、おそらくはＤＮＡに組み込まれているものと、環境の中で世代間に伝達されたものとによるのでしょう。

私たち人間は、20歳をもって一人前とされています。少なくともそれまでは、大人たちが世話をして、生き方を教え込む必要があるのです。それは、産むことに伴う大人の・親の責任なのです。

悲しいかな、私たちは、生きていく手立てを何も教えられていなくても、子どもを産むことはできます。いわゆる母なるもの、父なるものの機能はＤＮＡにすべて組み込まれているわけではないようです。自らが親に育てられて、その中で得たことを頼りに子どもを育てていきます。学んでいないこと、経験していないものは、子どもに与えることはむずかしいのです。

ねずみや猫の観察から、動物は子どもを産むとすぐに子どもの身体をなめることがわかっています。とくに下腹部をたくさんなめるのだといいます。どうやらそうやって排尿を促しているようです。早くから親と離された動物は、食欲はあって排便がうまくいっていても、排尿に問題が起きて早死にしてしまうとのこと。そんなときでも、人間が下腹部をお湯にひたした脱脂綿でなでてあげると、排尿がうまくいって、生きながらえるのだそうです。

動物の親は、当たり前のように、生まれた子どもをなめますが、産んですぐに子どもと離してしまった親は、ふたたび子どものところに戻しても、なめることをしないそうです。ＤＮＡに組み込まれていると思える行動も、環境によって失われていくということです（『タッチング』Ａ・モンタギュー、平凡社、１９７７年）。

ハロー博士のサルの実験があります。針金で作った母親代替物のひとつをタオルでくるんだ暖房パットでおおっておくと、子ザルは、ミルクがなくてもふかふかの暖かいタオルでくるまれた親のほうにくっついていくことがわかりました。ミルクよりふれあいが大切だということです。

また、生後早い時期に、このふれあいを体験しなかったサルは、社会生活ができないで、性的行動がうまくいかない。もし子どもをもてたとしても、育てることがむずかしくなるという結果が出たといいます。

スピッツ博士は、人間の赤ちゃんにとって、母親とのふれあいがどのように影響するかということを研究しました。彼は養育環境の違う子どもの施設での、子どもの発育について調べました。

1つは、専門の看護師が中心に世話をしているところです。赤ちゃんたちは清潔で十分な栄養を与えられていますが、一緒に遊んだりふれられたりすることが少ない状態です。

もう一方の施設では、少人数の看護師は指導的な立場でいますが、赤ちゃんの世話は、たくさんの子育ての経験をもったおばちゃんたちがしています。抱っこして哺乳し、しょっちゅうふれあい、語りかけています。赤ちゃんの心身の成長は、後者がよかったと報告されています。

私がこども病院で働いていたときにも、おなじような経験をしました。病院では、栄養士が管理して十分な栄養の食事を与えていますし、おやつも出していました。看護師や学校の教師たちは、精一杯のふれあいをもっていたと思います。それでも、夏休みなどで長期の外泊に出た後の子どもたちの体重や身長の変化には、いちじるしいものがありました。親子のふれあいに勝るものはないと、感じたものです。

2 ストロークとは？

私たち、生きとし生けるものにとって、「ふれあい」が大切であることは、古今東西の人びとが強調してきたことです。最近では、花をきれいに咲かせるために、また牛や豚の肉をおいしくするのに、クラシック音楽をそれぞれに聞かせることが役に立っているといわれています。

ある雑誌の記事と、前述の本『タッチング』からのものを紹介します。

中世のヨーロッパに、数カ国語を話せた王様がいたそうです。その王様は、人間というものは、自分のように生まれながらにして数カ国語を話す能力をもっているものだ、と考えました。そのことを証明するために、全国から生まれたばかりの赤ちゃんを集めて、育ててみることにしました。それぞれの赤ちゃんには、養育係をつけました。その係には、〈赤ちゃんに、入浴をさせ、ミルクを与える以外には、いっさいふれあいや話しかけをしないこと〉と指示されました。つまり一定の言語の影響がないように、ということだったようでした。

その後、この実験は完全に失敗しました。なぜならば、全員の赤ちゃんが亡くなってしまったからです。赤ちゃんは言葉かけやふれあいなしには育つことができないということです。

前にもふれたように、古今東西でたくさんの専門家、心理学者、小児科医や児童精神科医が、人間の心身の成長にとって、「ふれあい」がいかに大切な要素であるかを研究し、発表しています。このふれあいのことを、精神科医のエリック・バーンは、「ストローク」という言葉を使って説明しています。

英語の「ストローク」は、水泳では腕で水をかくこと、テニスやゴルフなどでは、球を打つことを意味する動作ですが、バーンの交流分析では、言葉や身ぶりで相手に働きかける、コミュニケーションの方法と考えられ、「その人の存在を認めることを示す行為」とされています。

これは、人が生きていく上で、必要不可欠のものです。飢えたときに食物を求めるのとおなじように、人は、認められることへの飢えから、ストロークを求めていくと考えられています。

私たちは人に出会ったら、視線を交わしたり、会釈をしたり、笑顔で応えたりします。あるいは「こんにちは」と言葉をかけます。握手をしたり、抱き合ったりもします。つまり言葉を使わずに、あるいは言葉で、身体で、お互いを認めるやりとりをします。しかし、かならずしも気持ちのよい「ストローク」ばかりとは限りません。無視や暴力、批判や暴言もあります。これがすべて「ストローク」です。

このストロークを3つに分けることができます。

1 身体的なストローク：抱く・なでる・握手・殴る・蹴る・つねるなど

2 言語的なストローク：名前を呼ぶ・挨拶・ほめ言葉・批判など言葉を使ってのもの

3 言葉でないストローク：目を見つめる・ウインク・笑顔・手を振る・しかめつら・視線をそらすなど

この3つには、それぞれに「＋(プラス)・ポジティブのストローク」(聞いていて、受け取って、心地のよいもの)、「－(マイナス)・ネガティブのストローク」(聞いていて、受け取って、心地の悪いもの、不愉快なもの) があります。

さらに、「無条件のストローク」と「条件付きのストローク」の2つに分けられます。

つまり、4つの種類のストロークがあります。

①無条件のプラスのストローク

最近では生まれてすぐ、沐浴をする前に、お母さんが赤ちゃんを抱っこしてひとときを過ごすことが、その後の心身の発達によい影響を与えるといわれて、実行されています。

穏やかな中で、赤ちゃんはおなかの中で感じていたおなじみの母親の心臓の鼓動を身体全体で感じて、やはりおなじみの声を聞いて過ごします。母親が、ゆったりとした気持ちで抱きしめること、またさらに「あなたは私の宝物」「あなたを産んで本当によかった」「大好き」と伝えることは、無条件にその子の存在を認めていることなのです。これが無条件のプラスのストロークです。いくつになっても、「あなたでいい」「そのままのあなたでいい」と、じっと目を見て伝える、手を握って、あるいは抱きしめてもらえたら幸せです。

この無条件のプラスのストロークは、子どもが育つために何よりの栄養になります。こうしたふれあいは、子ども自身が自分を信じて、安心して育っていく力となるでしょう。そして、自分の存在を肯定して、自信をもって生きていくことが可能になります。どうせ言葉がわからないのだから、意味がないなどと思わないでください。あなたの声のトーン、その表情を赤ちゃんは見て聴いて感じています。交流分析の祖、エリック・バーンは、赤ちゃんは火星語・宇宙語を話すと言っています。つまり言葉を超えた言葉を理解しているというのです。

②無条件のマイナスのストローク

その反対に、身体にふれない、暴力を振るう、「お前なんか産まなきゃよかった」「大嫌い」「死ね!」〈殴る〉といった扱いは、無条件のマイナスのストロークです。

この無条件のマイナスのストロークをもらった子どもは、生きていくことがむずかしくなります。このような子どもは、自尊感情を育てることや、人を信じることがむずかしくなります。これは、虐待です。

ある日ショッピングモールを歩いていると、幼い子どもの激しい泣き声が聞こえました。振り向くと、「もう知らない！」と叫びながら、背中を硬直させて走り去る若い母親。その後を、火のついたように泣きながら追いかけていく幼い女の子がいました。女の子は全身でおびえて、真っ赤な顔をして泣き叫んでいます。３歳になるかならないかの幼い子どもがいったい何をしたというのでしょうか。

「お前なんか、いらない！」「もう知らない！」「あっちへ行け」といった、無条件のマイナスのストロークになる言葉は、言ってはいけません。こうした言葉は、大人同士では断絶になる可能性がありますが、子どもは親と離れては生きていけないのですから、「死ね！」と言われることとおなじなのです。

こうしたことをくり返して経験した子どもは、いつも他人に気に入られるように気を使っていくことが多いし、自分の気持ちを表現することがむずかしくなるでしょう。もちろんこうした言葉を吐く母親もきっと幸せではないのでしょう。ゆとりがないのでしょう。そのような言葉を吐きたくなったら、トイレに入って吐き出してください。けっして子どもに向けてはいけません。そして自分自身の心の手当てをすることが大切です。

③条件付きのプラスのストローク

「おはようと言えたね」「上手にスプーンで食べたね」「お友だちに謝ったのね。ママはうれしい！」と言うのは、条件付きのプラスのストロークです。できて当たり前と言ってしまったら身もふたもありません。出し惜しみしないで、たくさんほめましょう。ほめられていっそう励もうと思うのは、幼い子どもばかりでなく、私たち大人でもおなじです。

④条件付きのマイナスのストローク

「人のいやがることをしてはいけない」「ウソをついてはいけない」「そのブラウスとスカートの色は合わない」というのは、条件付きのマイナスのストロークです。条件付きのマイナスのストロークは、その人を成長させるために役立つかもしれません。そのためにも、友だちと仲良くするにはどうしたらいいのか、どのような服の組み合わせがいいのかというオプションをも教えることが大切です。

幼いお子さんを連れて診察に見える方がいます。落ち着かないでいるときに、母親や私が「大切な話をしているから静かにしなさい」と言い聞かせて、ときにはおもちゃなどを渡します。診察を終えて帰るときには、「とてもよく待てました。すばらしい。またね！」と言います。ほとんどの子どもが、誇らしい笑顔でさようならを言って帰ります。条件付きのマイナスとプラスのストロークの効用です。

条件付きのストロークばかりを与えられた人たちがおちいる落とし穴があります。

勉強ができることをほめられて、一生懸命に勉強をしてきた子どもがいます。何かの事情で、成績が振るわなくなることがあります。そのことを親に叱られ、自分の居場所がなくなったように感じることがあります。成績を隠したり、苦しい言い訳をしたりするかもしれません。自分の存在価値がわからなくなって、自殺を考えるか、責める親を殺そうと思うかもしれません。

お料理上手で、家事もよくできる主婦がいます。うつ病になって、それが十分できなくなると、自分の価値がないように感じてつらい気持ちになることがあります。無条件のストロークを得られないで、自分の存在をストロークされない、自分を認められることのない人は、生きていくのがむずかしくなります。

私たちは大人も子どもも、認められたい欲求が強いものです。とくに子どもは認められることが必要で、それは食事とおなじくらい、いやそれ以上に、その成長にとっては大切なものなのです。

『マイ・ライフ』(ブルース・ジョエル・ルービン監督、1993年、アメリカ)という映画の中で、がんを宣告された若い夫が、生まれくるわが子に、自分の短い人生の中で何をしてやれるだろうかと、友人に問う場面があります。

友人は、「子どもは13歳まで、愛情でマリネイトして育てれば、よい子に育つものよ」

と答えます。

その男性は、いろいろなおもちゃを買いそろえ、男らしいマナー：歩き方・ドアの開け閉め・髭のそり方などを示す、自作自演のビデオを作ります。医者からは、出産までは余命はないと言われていましたが、幸いにも彼は、息子がヨチヨチ歩きをできる頃まで生きながらえる、という物語でした。生まれてくるわが子への愛情を精一杯の方法で伝えようとしている父親の姿を、涙なしには見ることができませんでした。

親は、子どものために、いろいろなやり方でストロークを与えることができるのだと学びました。

インドで長年奉仕活動をされたシスター、マザー・テレサは、「愛することの反対は、憎むことではありません。無視です」と言いました。無視というのは、ふれあいがない、何もない、ストロークがないということで、やはり虐待の1つです。

子どもは、何もないより、マイナスをもらう方がよいと感じていて、わざと叱られるようなことをすることがあります。ですから、言うことをきかないでいたずらばかりする子には、せっせとよいところを見つけてほめることです。そこにいるその子を、気にかけていることが大切なのです。

図①　ストローク・ポシェット

プラスのストローク	
70～80%	：元　気
50%	：そこそこ元気
50%以下	：ダウン

3　ストローク・ポシェット

ひと頃、家族の中での交流がないといわれて、夫婦の会話も、「メシ・フロ・ネル」だけといわれました。20年以上前のことですが、NHKの調査で、子どもたちがひとりで食事をしていることが多いと、問題になりました。きっと、今はもっとひどい状態かもしれません。朝起きて学校へ出かけるまでに、家族との交流、ストロークのやりとりのない子どもが多くなっています。

　私たちの腰にストロークの入ったポシェットをぶら下げているところを想像してみてください。中にはプラスとマイナスのストロークが入っています。プラスのものが70～80％入っていれば、私たちは元気いっぱいでしょう。もしも50％ならそこそこに元気。それ以下だったら布団をかぶって寝ている状態かもしれません（図①）。

今この時代、私たちはストローク不足で、心の栄養失調状態にあるといえるでしょう。小学校の子どもまでが疲れると訴え、ゆっくりしたいと望んでいるといわれています。

それは、このポシェットがスカスカの状態ということでしょう。

ストローク・ポシェットをいっぱいにするために、ストロークのやりとりを上手にできるように練習をする必要があります。とくに子どもに適切なストロークを与えられるようになりたいものです。朝夕の挨拶、「行ってらっしゃい」「ありがとう！」「ご苦労さま」など、ねぎらいや感謝の言葉をかけること。相手のよいところを見つけて、言葉にすることが大切です。

以心伝心、家族は言葉がなくても伝わるもの……と思っている人が多いかもしれません。しかし、この忙しい殺伐とした世の中ですから、せっせと言葉を使い、肌のふれあいをもちましょう。

批判や文句よりほめ言葉こそが、人を成長させるものです。汚い言葉で恐縮ですが、私は常々、「批判はくその役にも立たない」と言っています。批判するなら、オプションを！

つまり、批判する代わりにどうしたらいいか、そのやり方を伝えてほしいものです。

1つの例です。

食事どき、幼い子どもが、水の入ったコップを倒して水浸し、食べこぼしで床はべとべと、そんな情景を想像してください。

そんなときにはイライラして怒り出す前に、ひと工夫が大切です。幼い子どもには、上手に食べるやり方を教えて、手を添えること。上達するまでの月日を待ってあげることが必要です。幼い子どもは親の左側に（親が左利きでしたら右に）座らせて、食事中は手をかけてあげましょう。水ものは持ちやすいコップに少なめに入れます。そしてテーブルの中の方に置くこと。床には、新聞紙なりビニールシートを敷いておく。こぼすことを嘆いて怒るより、「大丈夫よ。拭いてあげますよ！」と、楽しく、おいしく食べることを重視します。楽しく会話をしながら食べましょう。親自身がおいしく食べられますように！

4　ストロークの5つの方法

ストロークのやりとりには、

①与える
②受け取る
③ねだる
④マイナスのストロークを断る

図②　ストロークの５つのやりとり

⑤自分自身をほめる・ねぎらう

といった5つの方法があります。わかりやすく絵にしてみました（図②）。

私たちは、このストロークのやりとりを、家庭で学ぶといわれています。朝起きて、顔を合わせた家族に、「おはよう！」の挨拶をします。食事のときに、「いただきます」「ごちそうさま」「おいしかった」。そして出かけるときには、「行ってきます！」「行ってらっしゃい」そっと肩に手をかけて、「気をつけてね」。

そしてときには、「疲れているようね」「元気がないわね」と家族で、身体をふれあい、声をかけ合います。子どもはそうした親とのやりとりの中で、ストロークを学んでいきます。

①与える

ストロークを与えることの一番簡単なものは、挨拶です。朝起きてから学校や職場へ行くまでの間に、家族と会話をするかどうか、まったく会話のない人が、かなりの数います。朝起きたら、「おはよう！」と幼い子を抱きしめてあげましょう。少し大きくなった子にはせめて肩にふれて挨拶を!!　幼稚園や保育園、学校へ行ったら元気に、挨拶をすることを親が実行して教えましょう。職場でも、行き交う人に挨拶をすることで、気持ちがずいぶん違うものです。目を合わすだけでも気持ちが変わってきます。

そして、何かよいことを見つけたら、積極的にほめましょう。よいところを伝えましょう。そうすることを心がけていると、子どもや他人のよいところがたくさん見つかります。

私のクリニックで、〈ＴＡ１０１――基礎講座〉を開いています。ストロークの話のときに、参加者に「自分がだれにどんなストロークを与えたいか」という問いを出します。すると、家族や同僚に対しても、考えたことがないとか、思いつかないということが多いものです。彼らは、親しい人がどのようなストロークを望んでいるのか、どのようなストロークを与えたら喜ぶのか、知らないことに気がつきます。

また、練習として、参加者同士でストロークのやりとりをします。練習で、型どおりのものであっても、参加者はそのやりとりを通して、温かい交流を得られることを経験します。

私は、日常生活はもちろんのこと、患者さんに対してもストロークを与えることを心がけています。

とくに初診のときには、「野間です。はじめまして」と、まず自己紹介をしてはじめます。当たり前のことなのですが、意外と行なわれていないものです。診察の間に、その人のよいところを最低3個は見つけるようにしています。治療というものは、悪いところばかりを見ていてはどうにもならないことが多いのです。よいところ、健康なところを頼りにしないと治療はうまくいかないと思っています。これは身体の病気でもおなじだと思います。

最近の高速道路はETCになっているのでできませんが、以前は料金所でも、「おはようございます」「お帰りなさい」「おやすみなさい」と、互いに声をかけることで、朝は爽やかな気分に、夜は、ささやかなねぎらいを感じたものです。

職場のビルでも、エレベーターに乗り合わせて、おなじビルで働いているらしい方に会えば、名前を知らなくても、よく見知った顔であれば、会釈をし、声をかけて挨拶をします。こうした何気ないやりとりは気分のよいものです。

学校の講演会に呼ばれると、まず校長室に通されてから、校長先生の案内で、会場へ向かいました。生徒たちが落ち着いている学校では、校長先生や他の先生方が、行き交う生徒たちに声をかけていました。生徒たちも自然な態度で、校長先生に挨拶をしていました。また校長先生は、おそうじをしている方にも声をかけていて、とても気持ちのよいひとときでした。そうしたところでは、玄関や洗面所に、さりげなく庭の花が生けられてもいました。このような環境の中で育つ子どもたちは幸せだと思います。

名前を呼ぶことはとても大事なストロークの1つです。世界にただひとりのかけがえのないあなたへの呼びかけです。以前、アメリカで、ロバートとメアリーのワークショップに参加したときのことです。彼女たちは、長年にわたって世界中のセラピストのスーパービジョンや治療を行なっていました。30人くらいの人たちが、2週間の間泊まり込んで行なうものでした。

初日の朝、車座になって座っている参加者が、自己紹介をします。自分の名前を言い、このワークショップで自分のしたいこと、得たいことを話します。終わるや否や、3分の1以上の人が手をあげて競い出しました。「何が起きているの……!?」と見ていると、端の人から順に、参加者の名前を空で言い出すではありませんか。全員の名前を覚えて言える人がたくさんいることに、私はびっくりしたものです。

アメリカでは、名前を呼ぶことがコミュニケーションに欠かせない、大切なものと考えられているということを知って、納得したものです。実際、英語圏の方と話していると、会話の中でしばしば名前を呼ばれます。とても心地よいものを感じます。

こども病院にいた頃、小学1年生の子が、「ぼくの名前は呼びにくいから、先生がなかなか覚えてくれない」と悲しそうに言ったのを思い出します。そしてまた、ベテランの教師は、「新しく担任になっての一番の仕事は、できるだけ早くに子どもたちの名前を覚えること」と、しばしば言っていたものです。自分の存在を認めてもらう一番簡単なことは、名前を呼ばれるということです。

私の幼なじみに、11人姉弟の人がいます。私は、3人兄妹でひとり娘でしたので、「カコちゃんはいいね。いつもおばさんが名前を呼んでくれている」と言ったものです。彼女は3つも4つも名前を間違って呼ばれて、やっと自分の名前になるのだと言っていました。そうは言っても、この家庭ではきょうだい姉妹が仲良しで、大人になってもその絆が強く、見ていて心が温まります。

ストロークを与えるときには、しっかりと目を見て、名前を呼んで与えたいものです。

②受け取る

ストロークを与えられたら、しっかりと受け取りましょう。

ストローク・ポシェットの中身が少ない人の中には、周囲はストロークを与えてくれているのに、受け取らない人がいます。「まあ、そのブラウス、すてきですね」「あらそう？バーゲンで衝動買いしちゃって……」といったものです。

「ありがとう」と言えば互いに気分のよいものを、ほめた方のセンスまで、けなすことになりかねません。

日本では謙譲の美徳というものがあって、ほめられたときに率直に受け取ろうものなら、「何をいい気になって」とか「つけあがって」と言われかねません。心にもなく、「とんでもありません」と謙遜した方が無難、ということもあるようです。もちろん、わが文化のよい面は尊重しています。1つの考え方として、ストロークを受け取ることでポシェットが膨らんで元気が出るということがあると覚えておいてください。

こんなエピソードがありました。週に2日間、私の二女がクリニックを手伝っていました。それを見かけた私の患者さんが、「あの方はお嬢さんですか？ きれいな方ですね」と、診察室に入るなり言いました。「そうでしょう！」私はニッコリして答えました。

その男性は、いぶかしげな表情で、おなじことを3回くり返しました。私もくり返しおなじように答えました。最後にその方は笑いながら、「先生はおかしいですね。普通は、そんなことないです、と言うものです」と言いました。「そうですね。ちょっとおかしいですね。でも本当でしょう!?」2人で笑い転げました。もちろん、この方にストロークのことを説明しました。

③ねだる

ねだり下手の人がいます。誕生日に、さりげないメールを送ってみたり、電話をしたり、相手が気づかないとがっかり。恋人や夫が、家族が、誕生日や記念日を覚えてくれるべきもの！　と思っていて、忘れようものならひどく落胆して悲しみ、あるいは怒り狂い、ということがあるかもしれません。「誕生日を一緒に付き合って！」あるいは家族なら、「誕生日だから、ケーキをよろしく！」などとおねだりするのはいかがでしょう。

こんなことがあります。ヘアスタイルをすっかり変えてすてきになった女性。夫がまったく無反応だといって怒っています。「髪型を変えたのよ。いかが？」と言ってみたらいいのです。何らかの反応はあるでしょう!!

私たちは、「黙っていてほしいものをもらえたらすばらしい価値があるけれど、ねだってもらうものには価値がない」こういった妄想をもっていませんか？　しかし、ねだってもねだらなくてもバラ1輪の価値はおなじでしょう。ねだり上手になって、ポシェットを膨らませてください。

お子さんが、おねだりをしてきたら聞いてあげてください。すぐに与えることのできないもの、与えたくないものがあるでしょうが、耳を傾けてあげましょう。与えられない、与えたくないものなら、話して聞かせましょう。

駅の階段などで、幼い子どもが抱っこを要求しているのを見かけます。「や〜だ！」「わがまま言わないの！」と叱っているお母さん。見れば大荷物で疲れ果てた表情。怒るのも無理のない話。

しかし、怒れば怒るほど子どももぐずって動こうとしない。「疲れたね。ママもがんばるからがんばろう！」「階段2段だけね」といったやり方もあるでしょう。もちろん言うことを聞いたらたくさんほめてあげましょう。こうした苦境に立たないように、幼い子ども連れのときには、荷物を少なめに!!

④断る

プラスのストロークを受け取らない、ほしいものをねだらない、しかし、批判などマイナスのストロークは、せっせと受け取ってしまう、という人がけっこう多いのです。これも、プラスのストロークがポシェットに溜まらないで、マイナスのものばかり増えてしまうやり方です。

マイナスのものは断ること。

「馬鹿じゃないの！」と言われたら、「何が？」

「変な格好！」「どこが？」「どんなのがいいと思います？」

と冷静に反応することです。これが受け取らないということなのです。

批判は何の役にも立たないと言いました。批判されたら、その方にオプションを聞きましょう。「批判するからには、他のよい方法をご存じでしょう！」というわけです。批判をする人は、相手がへこむとか、謝ることを予想していることが多いのです。予想に反した答えが返ってくると、一瞬、戸惑います。そうすると少しの間、会話が途切れます。その少しの間に、自分の気持ちを立て直すことができるのです。相手も、もしかしたら、簡単に考えもなしに批判はできないと学ぶ可能性があります。

幼稚園や学校で、ひどい言われ方をしていじめにあっている子どもがいます。「のろま」「ブス！」「くさい」などと言われてつらい思いをしている子どもがいます。その子たちの訴えを静かに聞いて、その気持ちを理解してあげてください。

そして、いじめっ子は、くさい臭いがするから、のろいからそう言うのではなくて、彼らの心に闇があるから、おへそが曲がっているから、相手が心底傷つくことを言うのだと教えてあげてください。

そのことをまともに受け取ってはいけないと伝えて、子どものよい点を常日頃話してあげてください。教師とも話し合って、断固として子どもを守ってあげてください。ゆめゆめ、「風呂に入ってよく洗わないから」とか「勉強をしないから」などと、いっそう傷つくようなことを言わないでください。

学校でいじめられて、家でもいじめられたら、子どもはどこへ行ったらいいのでしょうか。だれにも心を打ち明けない、と決心してしまうかもしれません。

⑤自分に与える

誕生日に、周囲に祝ってくれる人がだれもいない、すばらしい仕事をしたのに、だれもほめてくれない、悲しいときにだれもそばにいない、そんなこともあるかもしれません。しかし、心配ご無用。あなた自身がそこにいるではありませんか。自分で自分をねぎらうのです。自分で誕生祝いをしたらいい。自分にごほうびをあげたらいいのです。

マラソンランナーの有森裕子さんが、「自分をほめる・自分にごほうび」ということを広めました。私は、アメリカ人はこのストロークのやりとりがとても上手な人たちだと思います。アメリカでトレーニングされていた彼女ならではのことと、とてもうれしかったのを覚えています。

学校から帰ってきておやつを食べながら、食事のとき、一緒にお風呂に入っているとき、寝る前などに、子どもに聞きましょう。「今日は何かいいことがあった？」「君の自慢をしなさい」聞いて一緒に喜んだりほめたりしましょう。

朝、洗面のとき、鏡を見るでしょう。自分に「おはよう」と言いましょう。疲れた顔をしていたら、「お疲れさん。今晩は早く寝てね！」とねぎらってください。「アー！　変な顔。もう年ですね」などと、間違っても言わないことです。

自信をつけて、元気になる簡単な方法があります。毎晩寝る前に、自分がその日に行なったこと、あるいは自分自身のよいことを何でもいいですから、３個、自分自身にしみじみと言うことです。けなしてはだめです。「疲れていたけれど、子どもを公園で遊ばせた。ご苦労さん。イライラして怒鳴りたかったけど、トイレで気分転換した。よくやった！

私の目は何てチャーミング」……といったようにやることです。自分が、常日頃どんなストロークが好きか、望んでいるか、知っておくと役に立つでしょう。

そしてさらに、周囲にストロークを与えてくれる人をもっていることが大切です。元気でいる秘訣です。もちろんあなたのお子さんには、あなた自身が与える人になることです。

私にとって、疲れているときの簡単なストロークは、うなぎを食べることです。クリニックの近くにおいしい店があって、「今日は疲れて、ヨレヨレだな……」と思うと飛んで行きます。子どもの頃、夏になると、「これを食べると、目から油が出てくるほど元気になるのだよ」と言って、父がよくうなぎをさばいて、母が料理をくれました。ですから私の元気になるいちばん簡単な方法はうなぎを食べること。両親の温かさ、心遣いを感じられる一皿なのです。長女を産むときには、うなぎを食べていざ出陣！　でした。残念ながら、二女のときには早朝でしたし、冷凍食品もない頃でしたので、うなぎで元気づけ……とはいきませんでしたが……。

5　ストローク・ハングリー

アルコールや薬物依存症の人たちは、ストロークを受け取らない、ねだらない、断らない、与えない、自分に与えないので、ストローク・ポシェットが空っぽであることが多いのです。伴侶にもおなじような人を選びがちといわれます。ですからポシェットを、酒びたしにしないとやっていけないのです。

私のクリニックの講座で、ストロークのやりとりを実習します。その練習のときに、ストロークを与える方が楽、あるいは、受け取る方が楽だという人がいます。与えるのを苦手とする人は、与えたストロークが相手のお好みでなかったらどうしよう……と考えることが多いようです。

精神科医のバーンは、心にもない、まがい物のプラスのストロークを与えることを「マシュマロを投げる」と言いました。まがい物でない限り、たとえ相手が気に入らなくても、それは受け手の問題ですから、与える方が責任を取る必要はないと言っています。感じたことは、ためらわずに与える方がよいのだということです。

また、受け取るのが苦手な人は、謙遜しないといけないとか、人を信用できないとか、まったく自分にその価値がないと思っているばあいが多いのです。率直に受け取る練習をすることで、自信をもてるようになるでしょう。

スーパーマーケットなどでときどき見かける情景にこんなことがあります。母親がおしゃべりに夢中になっているときに、「ママー、ママー」と幼い子どもがその母親のスカートを引っ張っています。母親は振り向きもしないでおしゃべりに夢中です。しばらくしてその子どもは、積み上げられたお菓子の山の方へ行って、いじっていたかと思うと、ガタ・

ガタ・ガタ……とそのお菓子の山を崩してしまいました。音を聞きつけた母親は、子どもの方に飛んで行って、「何てことをするの！」と思いっきりお尻をたたいています。私が見たいちばんひどい情景は、安売りの酒屋で、裸のウイスキーボトルの山を子どもが崩してしまったときのものです。ウイスキーの匂いがきつく、ガラスの破片は飛び散り、子どもはびっくりして大声で泣き、母親も半泣きの状態で、子どもを叱りながら片付けていました。幼い子どもにとって無視されているよりは、叱られる方がまし……の瞬間です。親も子も2人ともが、かわいそうでした。

ある日、買い物に出かけたデパートで、遅い昼食を取ろうと私は食堂に入りました。私がテーブルに着くか着かないかのうちに、その食堂の片隅から幼い子どもの大きな泣き声がしてきました。見ると、激しく泣いているのは2歳くらいの男の子で、ハイチェアーに座り、そのテーブルには、横に父親、その向かい側には5歳くらいのお兄ちゃん、父親の向かいに母親が座っていました。

父親は無言で腕を組んでうつむいています。母親は無表情に父親を見ています。お兄ちゃんは目の前の弟の顔を見ることもしません。黙って、何も起きていないかのようにミニカーをいじっています。

その食堂には、数組の客がいましたが、10分以上、子どもの泣き声が響いていました。両親は、彼をなだめることをしませんでした。その子は、父親にすがりつくことも、また椅子から降りることもしないで、1人でひたすら泣いていました。

しばらくすると、母親が彼を見て、手招きをしました。そのとたんに彼は待っていましたとばかりに、椅子から降りて母親の元へ行って抱っこをしてもらいました。母親が背中をなでているうちに、その子はあっという間に眠ってしまいました。この動きにさえ、お兄ちゃんと父親は無関心でした。彼らのテーブルに食事が運ばれてきました。お兄ちゃんはひとりで黙々と食べています。ときどき父親は自分の皿から息子に何やらあげていました。

しばらくして母親は子どもを抱いて席をはずし、ベビーカーに眠っている子どもを乗せて戻ってきました。そして食事をはじめました。

見ていた私は、ほっとしましたが、何かさみしい思いでいっぱいでした。泣くだけで、それ以上は求めないけなげさ、あるいは泣き続けることで親の愛情を獲得するやり方でしょうか。そしてまた、許されて、求めていく率直さ。もしかしたら、親はなすすべを知らなくて沈黙していたのでしょうか。両親の間で何か気まずさがあったのでしょうか。自分の世界にこもってしまっているお兄ちゃんのあり方も含めて、1枚のひんやりした絵になっていました。ストロークのない世界です。

虐待される子どもたちが、よせばいいのに、わかっているのに、悪さをしてはたたかれるのは、無視されるよりマイナスのストロークをもらいたがるからです。

いじめられる子どもたちもおなじです。シカト（無視）がいちばん怖いこと。学校を休むことをいやがって、やられに行くのです。ひとりぼっちになるのがつらいのです。もちろん、中には休むことを親に許されないので、やむなく出かけて行く子どももいます。そしてそのことに耐えられなくなると、自殺です。

たった1度、優しい言葉をかけてもらって、うれしくて同棲したところが、暴力三昧。幼い頃から暴力を受けて育った人が、ほんの少しの優しさにほだされて、ＤＶ（ドメスティック・バイオレンス）の被害者になることがあります。いかに人がストロークに飢えているか、ストロークを得るためにたくさんのことを犠牲にしているか、という証拠です。

引きこもっている子どもが多くなっています。学校生活は楽しいことよりも傷つくことが多かったのでしょう。自分を守るために彼らが選んだ最善の方法なのかもしれません。外へ出ていかなければ、傷つかないかもしれませんが、プラスのストロークももらえませんから、元気も出ないでしょう。大人が彼らの安全な環境を保障して、安心できる方法で一歩一歩外へ出ていける手伝いをしたいものです。

ある朝、私は家の前で落ち葉をはいていました。家の角で子どもたちが待ち合わせをしたようで、数人の子どもがやって来ました。ひとりの子が、「間に合わないからぼく、先に行きたいよ」と言いながら、ためらっています。そのうちに遠くに、２人の子どもの姿が見えました。すでに数人が待っているのが見えているはずなのに、彼らは、急ごうともしないでのんびりおしゃべりをしながらやって来ました。お互いに、「おはよう」の挨拶もなく、遅れたことへのお詫びもなく、また待っている方も文句を言うでもなく、少し言葉を交わして学校の方へと歩いていきました。

遅れたためにいじめられることはなく、ほっとしたものの、何となくさみしい光景でした。会ったら挨拶をする、約束をたがえたら謝る、それを教えたいものです。彼らに活気がないのは、いろいろな事情があるのかもしれませんが、ささいなことでも、こういうふれあいをしないことも、1つの理由になるかもしれません。

6 子どもを伸ばす心の栄養

3・11の後、数日後に助け出された祖母と孫がいました。狭い空間では祖母を気遣いながら生き延びました。その少年の父親は、入院先のベッドサイドで、「常日頃、大した奴だと思っていたが、本当によくやった！」と息子さんをほめて、かけ布団を整えて、首を包んであげていました。少年と父親の笑顔が私の心に焼き付いています。最高のストロークです。この家庭にしてこの子あり!!

布団に入った私の胸元を、母が布団の上からトントンと軽くたたいて、「おやすみ」と言ってくれた光景は、この歳になっても忘れることはありません。

わが家のペットのシーズーの話です。

15歳になるシーズーのケイティーは、今は三重苦で自由に動けませんが、以前はいつも私についてまわる大変な甘えん坊でした。私がトイレに入ると、かならず後を追ってついてきます。ですから、私は恥ずかしながらドアを開けたままにしておきます。かならず私のひざに跳びついてきては、抱っこのおねだりです。4年前にはオールドイングリッシュ・シープドッグもいて、2匹が一緒だったので狭いトイレはにぎやかでした。

こんなことがあるたびに、私はかつてこども病院で働いていた頃のことを思い出します。病棟には、40名の子どもが入院していました。病棟で仕事をしているときに、外来から呼ばれて行かなければならないことがあります。そのようなときに、あわてて外来へ向かう私に、何人もの子どもたちが抱きついてくることがよくありました。「先生抱っこ！」「握手！」……病棟のデイルームでのんびり過ごしているときに、抱っこして本を読んだり、お話ししたり、テレビを見たり……子どもたちは交代で私のひざに乗ってきました。大勢のときには、「10数える間」と言って、それぞれの子どもとゆっくり数を数えたものでした。このことがあるので私は走りながらも、猛スピードで「イ・ニ・サ・ゴ・ジュ」と数えて、何人かの子どもをつぎつぎに抱きかかえて廊下を通り過ぎました。

みんな、満足の表情で「終わったら来てね！」と送り出してくれたものでした。「忙しいからだめ」と言ったら、きっとみんなが外来まで追いかけてきたろうと思っています。

子どもが望んでいるのは、ふれあいの時間ではなく、〈自分への注目〉です。「ぼくたち、私たちの存在を、見ていますか？」「認めて、受け入れていますか？」という熱いメッセージを私たちに送っているのでしょう。時間の長さではなく、こちらの構え、大げさに言うなら覚悟みたいなものを求めているのではないかと思います。親ばかりではなく、接している大人への彼らの熱いメッセージだと思っています。しっかり受け止めたいものです。

Ｉさんの二女は、小学校３年生でひどいアトピー性皮ふ炎です。毎晩、入浴後に薬を塗らなくてはいけません。自分がかゆくてつらいのだから、自分で薬を塗りなさいと、いくら言ってもやろうとしません。なぜできないの？　とイライラしてしまう、とＩさんは訴えました。

「まだ３年生。自分だけで、頑固な病気と闘うにはつらいものがありますよ。手をかけてあげてください」との私の言葉に、Ｉさんは、すぐに実行しました。一緒にお風呂に入って身体を洗ってあげました。お湯にゆったりとつかりながら、今日学校であった楽しい話などを聞きました。二女は明るい表情でいろいろなことを話したそうです。Ｉさんは今まで気づかなかった二女のよい面を見つけて、自分もうれしかったと言います。

湯あがりに、薬を塗ってあげると、「くすぐったいよー」と大きな声で甘えてはしゃぐ二女だったと。その数日後、Ｉさんは、彼女のノートを見てびっくり。今まで汚い字で、ノートはぐちゃぐちゃだったのに、下手ではあってもていねいに書いているのを発見。そしてまた、何と入浴後にひとりで薬をつけているではありませんか!!

Iさんは、とてもうれしかったそうです。自分の接し方ひとつで、こんなにも子どもが変わるのだと、しみじみと感じたとのこと。

そんなときの、長男とのエピソードも話してくれました。彼は中学受験のために塾通いをしています。受験を控えて、塾の先生は10分でも惜しいのだと言い、母親たちに、気を抜かないように、勉強に追い立てるようにと指導。今まではその言葉に従って、のんびり風呂に入っていると、怒ってせき立てていました。でも、子どもなりに疲れているのだろうと、「お風呂くらいゆっくり入りなさいね。ご苦労さま」とねぎらうようにしました。

受験勉強に追い立てられて、希望の生活を手に入れる子どももある反面、自信を失って自分はまるで役立たずのぐずのように感じて、その後の人生をむずかしくしてしまう子どもたちがいます。

塾の先生は、受験が終わればさようならです。しかし、親は一生の付き合いです。子どもを追い立てても、その後のフォローをしければなりません。受験間近になったら、万が一だめなときのことを考えて、その準備をすることも必要です。「公立中学があるのだし、受験であなたの価値が決まるものではない。パスしなくてもあなたの価値が低いわけではない。私たちにとっては大切な子どもなのだ」そういうメッセージを与えたいものです。

ストロークを表すすてきな詩があります。

もしあなたがそっとやさしく私に触れてくれたら、
もしあなたが私のほうを向いてほほえみかけてくれたら、
もしあなたがときどき、あなたが話す前に私の話に耳を傾けてくれたら、
私は成長するだろう。

本当に成長するだろう。

ブラッドレー9歳（『自己実現への道——交流分析（TA）の理論と応用』ミュリエル・ジェイムズ他著、本明寛 他訳、社会思想社、1976年より）

第5章　心のしくみ

今までいろいろな面から、親と子どもの関係を見てきました。私たち人間は、親だけではなく、ほかにふれあうたくさんの人びとから影響を受けて育ってきます。そしてまた、たくさんの体験をしていきます。そうした中でその人固有の性格がつくられていくのです。しばしば、性格は遺伝ですか？　環境ですか？　と聞かれます。性格は遺伝と環境、両方からつくられます。

では、私たちの心はどんなしくみになっているか説明してみましょう。

1　心のしくみ（心の解剖図）

私が医学部に入って2年めから解剖の学習がはじまりました。まず骨の学習です。その後、人体全体の解剖、病理組織の学習です。人体のしくみはわかりやすく、明快でした。しかし、その頃、思春期からいろいろなことに敏感で、人の心のあれこれを考えて苦しい

図③　心＝自我状態の解剖図

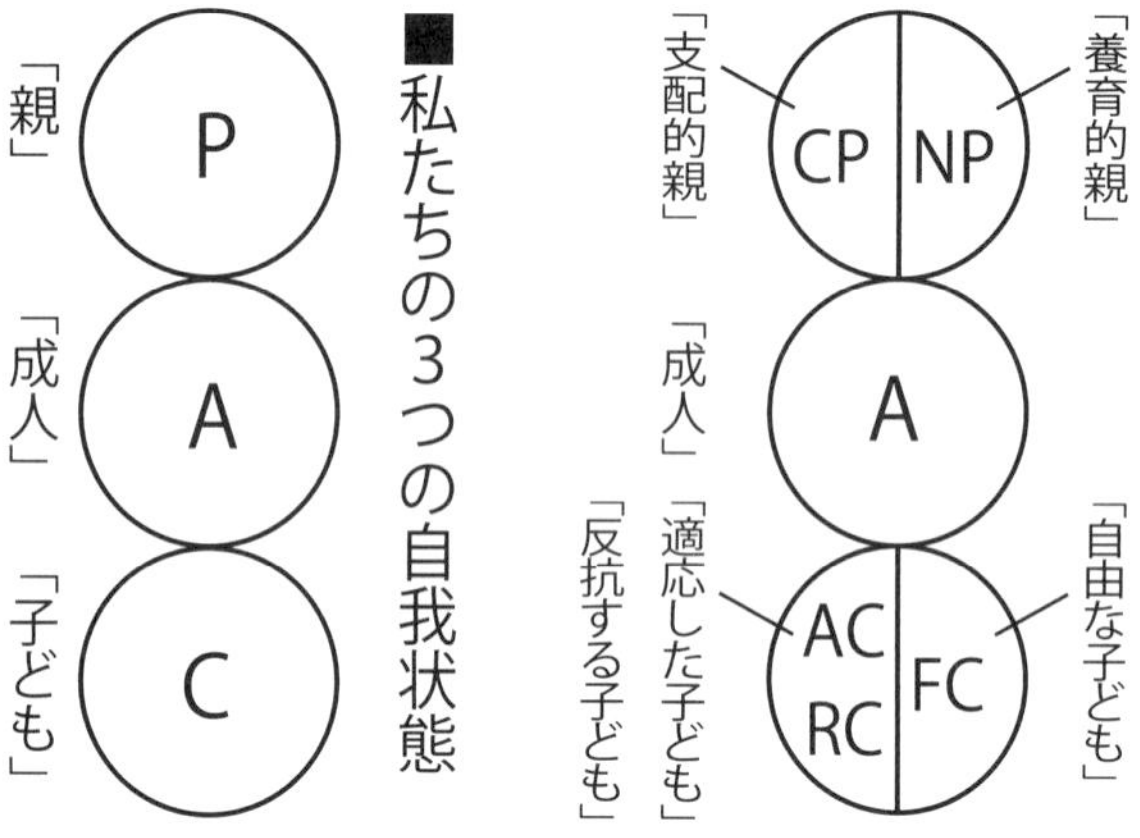

思いをしていた私は、なぜこの人体のように、心をはっきりと解明できないのだろうか、と思ったものでした。その後心理学や精神医学を学んでも、なかなか納得できるものではありませんでした。

　前述したように、交流分析（ＴＡ）の理論に出会い、「これが心の解剖図だ！」と目が開かれたのです。

　図③を見てください。私たちの自我状態は、「親（Ｐ）」の自我状態、「成人（Ａ）」の自我状態、「子ども（Ｃ）」の自我状態の３つから成り立っています。それぞれの円は、動植物の細胞のように、薄い膜で仕切られています。細胞では中に細胞液が入っていますが、ここでは心のエネルギーが入っていると考えてください。心が健康であれば、この心のエネルギーは、３つの部屋を自由に行き来します。

写真①　子どもの自我状態を表すマトリョーシカ

親とは、子どものいる人をいい、成人は20歳以上の人、それ以下の年齢の人が子どもですが、ここでの名前は単なるレッテルで、その意味はありません。それで括弧でくっています。

それぞれの部屋の説明をします。

2　「子ども」の自我状態

写真①を見てください。このマトリョーシカは、入れ子のこけしです。

いちばん左の大きなものが現在の私たちだとすると、ここには私たちが子どもの頃に経験したことがたくさん詰まっています。

2番めから右側のものはすべて過去の自分です。つまり子どもの頃に感じたり考えたり行動したことが蓄積されています。アルバムのようにたくさんの経験がしまってあります。直感・好奇心・想像力もここにあります。私たちが今、過去に体験したものとおなじように感じ、考え、行動しているときには、私たちの心のエネルギーは、「子ども」の自我状態にいるといいます。その人の過去の経験、入れ子の中のこけしたちのことは、その人から話を聞かない限り、私たちは知ることができません。

しかし、自我状態をどのように使っているかというのは、「目で見てわかる」のです。いかに使っているかという点から、「子どもの自我状態」は、「自由な子ども」の自我状態、「適応した子ども」の自我状態の2つに分けられます。

●「自由な子ども」の自我状態

「……したい」で表す状態で、周囲のものに影響されない、その人の欲求に素直に従った思考・行動・感情です。全身の筋肉は、程よく緊張していて、動きは自由ではつらつ、目は輝いて、明るく生き生きしています。この部分が、私たちが生きていくためのエネルギータンクです。

子どもは周囲の思惑におかまいなく、自分の感情を表現します。おなかがすけばぐずって泣く、オムツがぬれたり何か不愉快なことを感じたりすると泣き出します。親に見つめられ抱っこされて、あやしてもらうと声をあげて笑うでしょう。いろいろなものに関心を示します。目を輝かせて、興味のあるものに突進していきます。親や周囲の人びとを喜ばそうとして行なうものではなく、自分がしたいから、自分が好きだから行なうものです。これが「自由の子ども」の自我状態です。これは生きていくためのエネルギー源です。しかし、このエネルギーを使いすぎると、わがまま、勝手、傍若無人となります。危険なこともたくさんあります。大きくなってバイクを買ったからと、雨上がりに高速道路を猛スピードで飛ばす……ということをするかもしれません。

幼児期のこの自由な感情表現、好奇心をどう守って育てていくのか、大人にとって大きな課題です。ありのままの感情を受け入れながらも、少しずつ社会のルールを教えていくことです。自分の感情をコントロールすることを覚えさせて、社会のルールにはずれないように、また危険を避けることができるようにしていかねばなりません。つまり大人が子どもに対して、社会で適応していける枠をつくって、「自由の子ども」の自我状態の使い方を教えるのです。この役割は、「成人の自我状態」「親の自我状態」を使うことによって果たされます。

自由な感情表現といっても、私たちは幼児期を過ぎて大きくなっていくにつれて、自分の本当の感情に気がつかなくなってしまうことがあります。自覚のないまま悲しいのに怒っている、あるいは笑っているということが起きます。ちなみに交流分析では、これを本物の感情の代わりのもの、「代理感情」といいます。

男の子が泣いていると、「女々しい」と叱られて、男の子は、悲しいときに怒ることを覚えるでしょう。結婚を控えた娘をもつ父親が、なぜかイライラして怒りっぽい、と娘さんが言ったことがあります。女の子は、怒っていると「かわいくない」と言われて、怒りたいときに泣くかもしれません。女の涙は怖いといわれるゆえんです。いつの日か、自分自身でも本当の自分の感情がわからなくなってしまうことがあるのです。自分の感情をわからないようでは、自分自身の心の手当てもできなくなります。

子どもたちには、泣きたいときには泣きなさい、怒りたいときには怒っていい、そして笑いたいときには、大声で笑いなさい、と言ってあげましょう。

私たち大人が、ユーモアを楽しみ、喜びを表現できたら子どももそれを学ぶでしょう。そしてまた、嫌いなもの、ほしいものを率直に表現することを認めてあげることです。子ども時代には、自分の感情を認めることが大事なのです。

大人になったら、その表現方法を工夫することになります。怒りたいが怒ってはいられないとか、泣きたいときに笑わないといけないこともあるでしょう。そうやって大人になると、たとえ自分が笑っていても、実は悲しんでいるのだと知ることができて、後の手当てもできるというものです。

落語家が出番を待つ舞台の袖で、身内の不幸を知らされたとします。それでも彼は、笑いを取って無事舞台を務め、そして泣きながら病院へ駆けつけるかもしれません。

こんなことがありました。

いじめられている子どもが、寒い季節に校庭をパンツ1枚で走っているのを見た教師がいました。そのしばらく後でその生徒は自殺をしました。その教師は、彼が笑っていたからいじめに気がつかなかったと言うのです。大勢の子どもが、笑いながらパンツ1枚で走っていたなら、がまんくらべか何かと見過ごしたとしても、たったひとりで、というのを見逃すのはいかがなものでしょうか。

彼は、自分の惨めな気持ちを見ないように、あるいは人に気がつかれないように、笑っていたのかもしれません。自分の切実な気持ちを知っては生きていけないと感じていて、無視をしていたのかもしれません。いずれにしても、自分の本当の気持ちを欺いていることで、他人の助けを得られません。もしかしたら、どうせだれも助けてくれない……と絶望的になっていたかもしれません。

この自分の感情・気持ちにそぐわない笑いを、エリック・バーンは「絞首台の笑い」と言いました。昔西洋では、罪人は大勢の見物人を前にしてギロチンにかけられました。罪人はギロチンにかけられる前に、その見物人を笑わせるために何かおもしろいことを言わなければならなかったといいます。そこから来た言葉のようです。

ストロークをたくさん受け取っていることが元気の源だと書きました。おなじように、この「自由な子ども」の部分がよく働くことが、元気の源なのです。ありのままの自分を認めることで自信をもつ、そして自尊感情は育っていくのです。

疲労困憊しているとき、うつ状態のときには、この「自由な子ども」の自我状態にエネルギーが入っていないということなのです。「成人」の自我状態はいろいろな情報をもっていて、高い能力があっても、「自由な子ども」の自我状態のエネルギーが電源ですから「成人」の自我状態は動きません。うつ病になった有能な社員が、物事の判断ができなくなり、仕事の決断ができなくなってしまうことがあります。ベテランの主婦が夕食のメニューさえ浮かばなくなって、食事の支度ができなくなり、周囲がうつ病に気づくといったことがあります。

幼い子どもや小学生が、「今いちばんしたいことは?」という質問に、「のんびりしたい」と答えたということがひと頃話題になりました。定年退職前の方たちへのおなじ質問の答えが、「何もしないでゆっくりしたい」だったのです。疲れ果てた子どもたちの姿が浮かびます。「自由な子ども」のエネルギーがしぼんでしまっているのです。彼らは何に疲れているのでしょうか。

●「適応する子ども」の自我状態

「……したい」という気持ちがいっぱいの子どもに対して、大人たちは社会に適応できるように、規則的に食事を取ることや、排泄などのしつけ、手を洗い、歯を磨くこと、入浴をする、清潔にするなどの世の中のルールを教えます。遊ぶときでも、順番を守るとか、人のいやがることをしないようにとか、挨拶、「ありがとう」や「ごめんなさい」を言うことなどを教えます。

「ハイ！　ママ（パパ・先生）」と、子どもは大人の言うことにそって、自分をコントロールすることを覚えていきます。こうして育つ部分が「適応の子ども」の自我状態です。社会に生きていくために最低限必要なことです。

しかし、必要以上にこの部分を使っていると、いつもおどおどしていて、自分のことより他人の思いを優先して気を遣いすぎて疲れてしまうことがあります。親を喜ばせることが大事で、つらいときにもニコニコしているかもしれません。子どもの頃に、教科書を読んで間違えたら、みんなにからかわれた経験のある人は、みんなの前で大きな声で発表することを嫌い、発表をしなくてはならないときには、ひどく緊張して声を震わせ赤面するかもしれません。この自我状態にいるときには、少し首をかしげて、上目遣いにしているでしょうし、周囲に気を遣って、身体を緊張させているかもしれません。

「しつけはいつからしたらいいのか、まだ何もわからないから……」と、迷いながらも、しつけや制限をしない親がいます。しつけは、生まれた直後からするものです。体を洗う、顔をふく、空腹になったらミルクを飲む、清潔なオムツをつける、挨拶をする、ブランコに乗るのも順番を待つ、人のいやがることをしない……これらはみな、将来、私たちが気持ちのよい生活をするための基本です。理屈抜きに、体が汚れていたら不快だ……と感じる心を養っています。

食事のときには、食べ物で遊んではいけない、ごちそうさまを言うまでは食卓についていなくてはいけない、といった、最低限の社会のルールを6歳頃までには教えなくてはなりません。食事を無理強いすると、このことがむずかしくなります。食べたくない、おなかいっぱいになったら、ごちそうさまと言いなさい、と教えます。

この時期に、人としての基本のルールを、理屈抜きに断固として、胆に銘じて覚えさせることが重要です。このことをスムーズに行なうためには、子どもが安心して、親を大好きになっていることが基本になります。親に愛されたい、大好きなパパやママの期待にそいたいという気持ちがあってこそ、理屈抜きにその指示に従うのです。

暴力で、何もかも親の言うとおりにするように抑圧していくと、子どもは恐怖心から従うでしょう。幼い頃におびえや恐怖心で親の顔色を見ることを覚えた子どもは、その後も他人に対しておなじように接していくかもしれません。自信もなく、自分のことより他人のことに気を配るようになるかもしれません。そしていつも不満で、ボヤキが多くなり、楽しくないのです。疲れやすいかもしれません。

人は、言葉を超えた言葉を読み取る力をもっています。それをエリック・バーンは「宇宙語（火星語）を話す」と言っています。たとえば学校の先生が、言葉ではほめながらも、自分では気づかないうちに、首を横に振っているかもしれません。それは「NO！」のしるしと、子どもは受け取るかもしれません。

叱っている親の顔が笑顔なら、「喜んでいるのだ」と受け取ってしまうでしょう。子どもは言葉より、声の調子や表情から多くを受け取っているのです。指示は、短い言葉で簡単に、断固として。さらに禁止は、笑顔なしで行ないます。

Aさんは、教育熱心な親に育てられました。自分が家の中でピアノを弾いたり読書したりするのが好きで、スポーツは苦手でした。男の子を産んでから、子どもは外遊びの好きな子にしたいと考えて、せっせと外へ連れて出ました。泥んこ遊びもさせました。しかし、幼稚園に入って間もなく、先生に呼ばれました。「みんなと一緒に砂遊びができない。洋服や手の汚れを気にしている」と言われました。

びっくり仰天です。くわしく聞いてみると、Aさんはとってもきれい好きで、子どもを公園に連れて行くときには、おしぼりタオルと着替えの靴や靴下を持って出るとのこと。お母さん自身が気づかないことを、子どもは火星語を理解して、「ママは汚いのが嫌いなんだ」と受け取った可能性があります。親の気がつかないことを子どもは受け取ってしまうのです。

●「反抗する子ども」の自我状態

「適応の子ども」の自我状態がひっくり返ると、「反抗する子ども」の自我状態になります。「テヤンデー・ママなんか・パパなんか・せんこうなんか……」と、大人の言うことに反発して従わない状態です。口を尖らせ、投げやりな態度をするでしょう。

「自由の子ども」はあくまでも自分が軸です。「適応する子ども」と「反抗する子ども」の軸は両方とも他人が軸になっています。自分が好きなようにではなくて、親の言うようにやるのか、やらないのかなのです。

元気に成長をしていく子どもなら、幼児期と思春期に反抗期はつきものです。成長のエネルギーが、周囲への反発ともなっていくのです。大人としては大変ですが、しっかりと向き合っていくことです。幼い子どもが泣き叫んで言うことをきかなかったり、かんしゃくがひどかったりすると、親は途方にくれるかもしれません。そうなると子どもはいっそうぐずり泣きして言うことをきかなくなります。あるいは頭にきてしまって、親の方がかんしゃくを起こして、「もう知らないから……」「置いていく!」「あんたなんか大嫌い」と捨て台詞の1つも言いたくなってしまうかもしれません。あるいは手が出て、殴り飛ばすかもしれません。そのことでいっそう泣きぐずって、大変になるでしょう。

この幼児期には発達状態としても言葉だけの指示はむずかしいものがあります。外でこのようになったら、抱きかかえて戻るしかないでしょうが、言い聞かせても治まらないときのよい方法があります。

「抱っこちゃん療法」と私は呼んでいます。

ぐずっている子どもを、顔を前にして抱きます。親は楽なように、壁を背にして足を投げ出して座ります。時間を計れるように、時計を身近に起きます。腕時計があればそれで大丈夫です。自分の汗や子どもの涙を拭くタオルも用意しておきます。

子どもは自由を奪われていやなので、力いっぱい抵抗して親の腕の中から逃げようとします。親は、逃がさないように胴体をしっかり抱えておきます。逃がさないくらいの力で抱きしめます。自分がかんしゃくを起こして、たたいたりつねったり、抱く腕に力が入って子どもが苦しくならないように気をつけます。ときどき手や足をさすってあげましょう。いっさい言葉はかけません。激しく泣いていて聞こえないでしょう。最低20分、長くても30分続けるのです。途中で泣き止むことが多いのですが、続けてください。

子どもは何がはじまったのかわからないので、はじめは怖くて逃げようとしてもがくでしょう。親は、いらだち、無力感を感じている自分自身と向き合い、自問自答して闘います。そのうちに子どもは泣き止んできます。親が怒っているようすはない、何となく生あったかい感じ、親の息遣いや心臓の鼓動が伝わってくる、穏やかないい時間を感じていくでしょう。時間になったら、放してあげます。

顔を拭いてあげて、「わかったね」とだけ言って終わり。かんしゃくを起こしたら、即座にこれを行なってください。激しい子のばあいには、はじめは何度もしなければならないでしょう。しかし、かならず回数は減っていきます。そのうちに自分で感情をコントロールするようになっていきます。

自閉症の激しいかんしゃくのお子さんにも有効でした。2歳から10歳くらいまでならやれるでしょう。私は、診察中にお母さんに反抗的で失礼な態度をくり返して、しまいにはお母さんの足をたびたび蹴飛ばした10歳のお嬢さんに、これを行なったことがありました。言葉で注意をしてもやめないので、数回めに蹴っ飛ばした瞬間に、私はその子に抱きついて座り込んで20分、お母さんに簡単に説明しながら行ないました。終わってから、彼女は私の促しに応じて、お母さんに「ごめんなさい」を言って帰りました。その後、家庭で、母親が何度かこの方法を実行したようでした。間もなく穏やかになって、自分の思いを暴力ではなく言葉で表現するようになりました。

大きな子どものばあいには、話してわかる状態でしたら、時間を惜しまず話し合うことです。

●「子ども」の自我状態の発達

図④に示したように、生まれたばかりの子どもは、「子ども1」の自我状態です。ミル

図④　生まれたばかりの子どもの自我状態

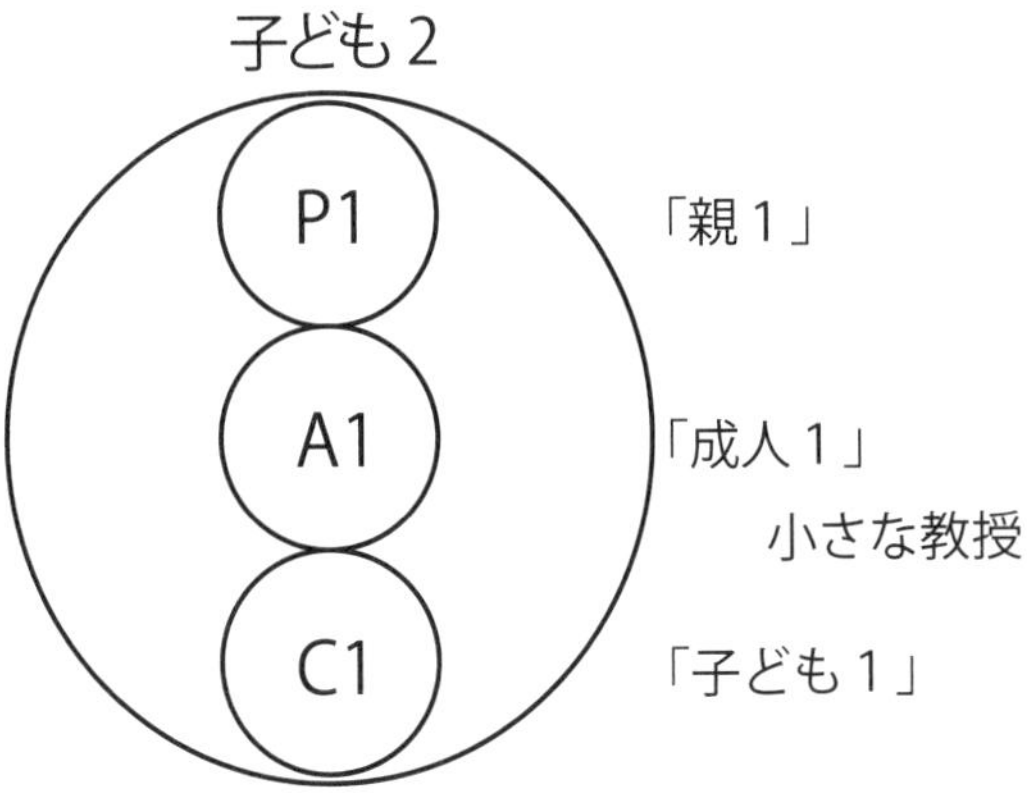

クを飲んで、眠って、気分が悪いときや、空腹になると泣く。ごきげんだとニコニコして喜びの声をあげるかもしれません。この中には、子どものごく早期の身体的な体験が入っています。

「成人1」の自我状態は、幼い子どもが世間を知る手立てとなる直感です。ときには大きな勘違いをしますが、賢く敏感なことも多いので「小さな教授」とも呼ばれます。データはありませんが、理屈抜きにピンとくるものです。お母さんがいくら言葉で奨励しても、遊んだ後で眉をしかめながら着替えをさせてくれるのを見て、「ママは砂遊びが好きではないのだ……」と直感で感じるのです。

「親1」の自我状態は、「魔法の親」ともいわれます。幼い子どもは、世の中の規則を親から学びます。親から与えられたものを、吟味し、選択する力はないので、親に従わざるを得ません。言葉を覚える以前に、親が指示する言葉と同時に、そのときの声の調子や表情からメッセージを読み取るのです。ことの善悪を二者択一のこととして腹の底で覚えます。罪の意識が芽生えるのもこの時期の課題です。胆に銘じるというのはこの部分に取り入れるということです。人のいやがることをしてはいけない、挨拶をすることなど社会生活の基本を取り入れるところです。

食事のときに、私たちは、「いただきます」「ごちそうさま」と自動的に言っています。トイレで手を洗うことも自然に、自動的にするでしょう。

スーパーなどで、山積みになっているお菓子や雑貨を見るときに、「1つくらい取ってもわからないだろう」と思うのは私だけでしょうか。そう思っても取りません。それは「取ったら、警察沙汰だ。みっともない……」などと考える以前に、おへそがものを言うような気がしています。「おへその力」で、私たちはおかしなことを、理屈抜きにしないのです。これが「魔法の親」です。これは生きていくために最低限必要な基本的なルールです。6歳ころまでにできあがるので、それまでにしっかり教えることです。そうすることで小学校に入学したら、きちんと椅子に座っていることができるのです。

3 「親」の自我状態

私たちを育ててくれた大人たち。一般的には両親ですが、人によっては祖父母だったり、施設の保母さんだったりするかもしれません。いずれにせよ、育つ過程で私たちに影響を与えた大人たちの、思考・行動・感情の模倣、真似っこをしている部分が「親」の自我状態です。ですからこの中には、両親や、祖父母、叔父叔母、年上の姉妹、幼稚園や学校の先生などの思考・行動・感情が入っています。知らず知らずのうちに、彼らの思考・行動・感情を取り入れているのです。

母親のような口調で小言を言っている、父親のように気に入らないと暴力を振るう、おばあちゃんのように、優しく世話をしている……といったときには、私たちの心のエネルギーは、「親」の自我状態にいるといいます。この中には、その社会や一族、親の価値観、倫理観が入っています。

●愛情あってのしつけ

歌舞伎座で「三人連獅子」を見ました。中村橋之助さんの親獅子、国生さんの子獅子、扇雀さんの母獅子でした。前半は、人間に姿を変えた親子3人の楽しく遊ぶさま、子獅子の無邪気さがかわいらしく、また親獅子の子どもを思いやり気遣うようすが、ほのぼのと表現されていて、心が和みました。

後半は獅子の姿になっての、子落としの踊りです。親獅子は、子獅子を谷底へと落とします。子どもが成長するには、この試練を乗り越えねばならないという故事にのっとっての行ないです。いかめしい表情で谷底を見つめる親獅子、不安とも悲しみとも取れる表情です。むしろ母獅子の方が、毅然として谷底を見つめています。しばらく後に子獅子が、勢いよく頼もしい姿で谷を駆け上がってきます。それを目にした両親の喜び……子獅子をほめたたえ、全身に喜びを表現して3人で狂い舞います。母獅子の優しい穏やかな笑み、そして親獅子の明るく闊達な笑顔、子獅子の愛くるしい微笑みが心に焼きつき、すてきな舞台でした。愛情にはぐくまれてこそのしつけ・成長です。

ともすると、私たちは口やかましく大人の思いどおりの道へと、子どもを追い立ててしまいます。子どもは、愛情をかけて、世話をしてくれる親を慕い、大好きだからこそ、多少厳しくてつらいしつけにも、けなげに従うものです。大好きな親に、ほめられたい、もっと近寄りたい一心で、言うことに従うのです。厳しいだけでは、怖さから従っているだけで、顔色を見ていて、すきがあれば、逃げてしまいます。そしてときには、まったく反対のことをするのです。

親子の絆と言いますが、これはいったい何なのでしょうか。

親から見れば、「かけがえのない宝物」で、「どんな状態になろうが一生をかけて守っていく、育てていく存在」「見捨てないで、心にかけていく存在」と感じている子どもとのつながり。

子どもから見れば、「そばにいてくれるだけで安心」で、「自分が生きていていいのだと承認してくれる存在」と感じるつながり。命綱のようなものでしょう。

この「親」の自我状態をどのように使っているかによって、「養育的親」の自我状態と「支配的親」の自我状態に分けられます。

●「養育的親」の自我状態

私たちは親に、優しく世話をされて、はぐくみ育てられました。そのやり方を取り入れて幼い子どもはお人形やペットの世話をするでしょう。成長するにつれて、自分の世話を自分自身でするようになって、他人の世話もします。親になれば、子どもを育てます。優しい笑顔、子どもの話に耳を傾けて、何かと気にかけて世話をするでしょう。人のよい面を認めてストロークを与えます。この部分を、「養育的親」の自我状態といいます。

姿勢は前かがみで、優しい面立ち、声のトーンも静かで優しいでしょう。

親が年寄りをどのように扱っているのか。何かと手をかけて、優しい言葉をかけている、電車の中では率先して席を譲る、子どもはよく見て学んでいます。障害をもった人に対してもおなじです。偏見のない見方、考え方を親自身が示すことで、子どもは学んで自分のものとして受け取っていきます。幼い子どもにとっては学ぶというよりは、「飲み込む」という言い方の方がぴったりかもしれません。

虐待する人たちが、自分は親に愛されなかったから、子どもの育て方がわからない。子どもを愛してかわいがることができないと訴えることがあります。確かに、彼らはこの部分にインプットしているものが少ないのかもしれません。しかし、自分自身が子どもの頃に、親にしてほしかったことがあるはずです。

優しく抱いてほしい、ほめてほしい、自分の話を聞いてほしい……と感じて、考えていたはずです。そのことを自分の子どもにしてあげればいいのです。あるいは周囲の優しい親のやり方を学んで、取り入れていくことができるのです。漫画『はだしのゲン』からもたくさん学べるかもしれません。

言うことをきかない幼い子に、ある人はやきもきして、怒鳴って疲れているかもしれません。しかしある人は、優しい表情で「それをいじってはいけないよ」と声をかけながら、近寄って手を押さえるかもしれません。またある人は、抱き上げて、ふれてはいけない場所から離すでしょう。イライラはしないし、あまりエネルギーを使っていません。その子どもの年齢で、判断できることとできないことを見きわめて接すれば楽なのです。6歳くらいまでの子どもは、言葉だけでは理解できないことが多いのです。たたく手ではなく、世話をする手を使うことです。

子どもができることでも、手をかけてやってしまう親がいます。これは過保護で、その子ども自身のできる力を伸ばさないでつぶしているかもしれません。「養育的親」の悪い面です。

ヨチヨチ歩きの子どもが転びます。すぐに駆けて行って抱き起こす親がいます。でも、笑顔で見守っていると、ひとりで起き上がって歩きはじめるかもしれません。ひとりででききた喜びを子どもは感じているかもしれません。ばたばたしないで見守ることも大切です。

ある日川崎駅を歩いていると、2歳前と思われる女の子がべそをかいてとぼとぼと歩いていました。かなりの混雑の中で、周囲を見回しても母親らしい人の姿が見えません。「どうしたの？　ママは？」私の問いかけにも答えないで、じっと前を向いて歩き続けています。しばらく一緒に歩いて行くと、大荷物を抱えて空のバギーを押している女性がニコニコして、「早く来ないとだめでしょう」と子どもに言い、「すみません」と私に謝りました。私は、「ママがいてよかった！　混雑の中では、手を引いていないと危ないですよ」と伝えて別れました。

幼い子どもが、事故にあうことも多いこの頃です。公園などの見通しのよいところでない限り、幼い子どもから2メートル以上離れるのは危険です。とくに混雑の中では、手を離さないことです。「来ないとだめよ」と言うのではなく、駆け寄って連れて行く……そういう年齢なのです。言葉と同時に身体を使って世話をすることが大切です。連れ去られることもありますし、車の事故にあうことも多いのです。人ごみや車の往来の多いところでは、手を離してはいけません。駐車場で、親が幼い子どもをおろしてから車を移動していて、その子どもをひいてしまったことがありました。幼い子どもには、危険を察知して身を守る力はないのです。止まっている車でも、その前を通らないことも教えましょう。大人自身も実行することです。

●「支配的親」の自我状態

親は、子どもに社会の規則を教えます。その家庭の信条、生活様式などを教えます。「……すべき」という部分です。子どもは、親の話すことや振る舞いを真似しておなじように行動するでしょう。親が几帳面であるとおなじように子どもがきちんとしていることが多いものです。時間にきちんとしている、ルールをきちんと守ることを学んでいるでしょう。人として、してはならないこと、人のいやがることをしない、人を傷つけない、盗みをしない、という倫理観は、この自我状態の働きです。語気は強く、毅然としているでしょう。「適応する子ども」のところで書いた、肝に銘ずるメッセージは、この自我状態から発するものなのです。姿勢は、前かがみになっていて、眉間にしわが寄っているかもしれません。高圧的で語気は強いでしょう。

自分が理不尽な扱いをされたときに、断固として抗議をして自分を守る。目の前で不正が行なわれたときに、断固として対処する。たとえば、目の前でいじめている子どもがいたら、語気を強くして注意し止めさせる。ときには身体を使って割って入ることも必要でしょう。

私は、「薬味の唐辛子のように、いざというときに、断固としてこの自我状態を使う」ことが大切だと思っています。断固として、短い言葉で言うことです。ここで大切なことは、一貫性をもつことです。あるときには叱り、別のときには許し、ごねられたらあきらめる……これでは効き目はありません。

５歳頃になると屁理屈を言う子どもがいます。「子どもは９時に寝なさい」と言う母親に、「だれが決めたの？」「○○ちゃんの家は10時まで起きていていいんだよ」と反発するかもしれません。

静かに毅然と、「ママが決めた」と言うことです。こういう子どもはエネルギーがあります。うんざりすることが多いかもしれませんが、断固として毅然と対処することで、省エネになります。子どもとの関係を楽しんだらいいのです。

いろいろなおもちゃで遊んでいる子どもに、集中しないからといって片っ端から片付けないと気がすまない人がいます。好きなように遊ばせて、後で一緒に片付けたらいいのです。

子どもたちは五感を使って、見たり、聞いたり、さわったり、かいだり、味わったりしています。危険がない限り、ああしろ、こうしろと指示攻めにしたり、だめと禁止したりしないで、見守ってみたらいかがでしょう。そしてまたそのときどきの感情表現を受け入れてあげましょう。

意欲がないとか好奇心に欠ける子どもが多い、指示されないと何もしない、指示待ち人間が多いといわれています。幼児期に、彼らの貴重な好奇心の芽を摘み取ってしまってはいないでしょうか。幼児期の育て方と深く関係しているのです。

●長女と私のパーマをめぐる抗争

私の長女が高校生のときにこんなことがありました。おしゃれ心が出てきて、毎朝髪をカールして登校しますが、湿気の多い季節にはすぐにカールは取れてしまいます。

ある日の彼女との会話です。

「ママ、学校ではみんなパーマをかけている。私もかけたい！」

「いけません。高校生は貧乏です。パーマは贅沢です」

「貧乏ではないよ。お年玉の貯金がたくさんある」

「だめです」

「みんなかけているのに。どうしてなのよ！」

「ママが決めたのよ。うちではだめです」

「いいよ。かけてくるから」

「言うことをきかないならどうぞ！　そのかわり朝になって十文字カットになっていても知りません」

「そんなことをしたら学校へ行けないよ」

「仕方がないでしょう」

結局、彼女はあきらめました。わが家にはバリカンはありませんでしたが、娘たちは私が言い出したら「やる!!」と知っているので、納得せざるを得なかったのです。私は子育てのときには、怒鳴ったりわめき立てるのではなく、毅然として親の価値観をぶつける瞬間が何度もあるように思います。これは子どもが成長する瞬間でもあると思います。大げさに言えば、親の正念場、責任をもつということでもあります。

自分の意見を通して、人の話を聞かない、人のやり方が気に入らないで批判ばかりをしている、小言幸兵衛のおじいさんに似て、何かにつけて文句ばかり言っている……これはこの自我状態のマイナスの点です。

汚い言葉ですが、「批判はくその役にも立たない」「批判があるなら、オプションを伝える」ことが大切だといつも言っています。失敗や欠点をあげつらって文句を言っても、相手はへこむだけ、あるいは反発するだけです。そのことをどうしたら改善することができるのか、それを伝えることです。忘れものが多い子に、「馬鹿」「おっちょこちょい」「だらしがない」と言うのではなく、10歳ころまでは前の晩に一緒に用意をしてあげましょう。きっと習慣になって、大きくなるとひとりでできるようになります。

親が暴力を振るう人であったら、その子どもは、自分が気づかないうちに、この自我状態に暴力をインプットしていることが多いでしょう。ささいなことに暴力的になって、語気は強く断固としていて、眉間にしわを寄せて、表情は険しいことがあるかもしれません。子どもや他人が気に入らないことをしたときに、高圧的に怒り出すかもしれません。一方的に文句ばかり言うかもしれません。親のそうしたことがいやだったと言いながら、おなじことをしている自分に気がついてショックを受ける方もいます。

●Cさんの「支配的親」の自我状態

Cさんは、父親がアルコール依存症で、虐待を受けて育ちました。一日も早く家から出て行きたいと思って、中学校を卒業後に住み込み就職をしました。酒を飲まない人と結婚して穏やかな家庭を築きたいと願っていました。念願がかなって、子どもを産みました。親のようにならないと決心をして、子育てを楽しみながら暮らしていました。子どもが2歳になる頃、夫の仕事の関係で引越しをしなくてはなりませんでした。引越しの準備で忙しい毎日で、経済的にも負担が重なったときに、ぐずって泣き止まない子どもに、思わず手をあげてしまいました。

たまたま私の書いた虐待に関する記事を読んで、私のクリニックに見えました。子どもが火のついたように泣く声を聞いて、自分自身がショックで泣きたい気持ちになったといいます。あんなにいやでつらかった暴力を今、自分が……そう思うと、いてもたってもいられなかったと訴えました。

私は自我状態、とくに「支配的親」の自我状態の話をしました。私たちは親の行動のよしあしを判断してインプットしているのではないこと。知らず知らずのうちに親のしていることを真似してインプットしてしまうものだということを伝えました。ですから、自分に都合の悪いものに気がついたら、それをアンインストール、捨てていけばよいことなのです。Cさんの優しさ、敏感さをもってすれば、それは簡単であることを伝えて励ましました。同時に、お子さんを育てながら、自分自身をも育てていくように。過去の自分の年齢ごとのつらかった思い出をねぎらって、自分自身を育て直していくことができることを伝えました。

●Iさんに使った「支配的親」の自我状態

Iさんは、軽い知的障害をもっていてときどき適応障害を起こして治療に来ています。熱心にアルバイトをしていましたが、人手が余ったからとのことで解雇になってしまいました。なかなか仕事を見つけられないまま数カ月が過ぎました。憂鬱気分はひどくなり、眠れない毎日になりました。親からは、早く働くようにとハッパをかけられてつらい毎日を送っていました。

私は、「今までよくがんばったから、神様のごほうびと思ってゆっくりしてください」と話していました。そんな中で、Iさんは話がうまくできない、舌がまわらないと構音障害を訴えることが多くなりました。薬の副作用とも思えずどうしたものかと思っていたある日、母親に付き添われて入室したIさんは、「あ、あ、あ、あ……」と大きな声をあげて、手を上下に振って、まるで会話のできない人のような振る舞いでした。母親は、昨夜からこの状態で困っているとのこと。変わったできごとはないか……との質問に、母親は、昨日就職の面接に行ったと話してくれました。

私は、即座に最近のIさんの状態を理解しました。毅然とした表情と声でIさんを見つめて話しました。「とてもつらい気持ちでいるのでしょうが、馬鹿なふりはやめなさい。あなたはちゃんと話せます。今、就職はむずかしいのです。これはあなたのせいではない。社会が不景気なのです。親が無理を言っても、いやだと言っていいのです。あなたが自分の気持ちを言わないとご両親にはわかってもらえませんよ」。Iさんは泣いていました。

私は「この症状は、Iさんの悲しみと怒りです」と、母親にもよく説明をしました。1週間後、Iさんはもともとの明るい笑顔で、「こんにちは」とやってきました。治療に来た日の帰り、最寄りの駅に着く前に、ちゃんと話せるようになったとのことでした。お母さんもびっくりしていたとのこと。「しばらく家で楽しいことをして過ごします」と話してくれました。

この私の対応が、唐辛子のように使った「支配的親」の自我状態です。自分を低く見る、自分を粗末にする、自分の力を認めない……といったときに、状況が許せば使うものです。親が子どもに、教師が生徒に使うことが必要なことがあると思います。

写真② 「成人」の自我状態を保つ姿勢

4 「成人」の自我状態

「子ども」の自我状態・「親」の自我状態は過去からのもの、その人自身の成育歴に関係したものです。しかし、この「成人」の自我状態は、「今・ここ」で働いている、思考・行動・感情です。過去の経験や、育ててくれた人たちに影響されない、理性とかコンピューターといったものです。過去から蓄積された情報もここに入ります。論理的な思考、理性的な判断で、物事を解決する部分です。服の着方、入浴の仕方、食事のマナーなどを教えます。「いかに……するか」つまりハウツーの詰まっているところです。

写真②のキリンのように、背筋を伸ばして、足は軽くつま先を開く感じで地につけて、首は垂直、視線は平らにします。この姿勢をとることで「成人」の自我状態を保ちやすくなります（足元がハの字では、「適応の子ども」の自我状態になりやすいのです）。物事を整理するときにはこの姿勢で、紙と鉛筆を持って書くと、冷静に考えをまとめることができますし、混乱しているとき、葛藤状態のときにも、理性を使うことが可能になりやすいのです。声はモノトーンにすることで、子どもへの指示、仕事の指示など、毅然と伝わります。

私たちはだれでも、動物園で間近からライオンに吠えつかれたら、柵を隔てていても怖いと思うでしょう。当然です。これは「成人」の自我状態の感情です。

しかし、ある人は子犬が近寄ってくるだけで、おびえて身を縮めて逃げようとするかもしれません。これは一般的な反応ではありません。恐らくその方が幼い頃に、犬で怖い経験をしたのでしょう。そのときの感情や行動が「子ども」の自我状態の中に体験として残っていて、今その感情や行動がよみがえってきている、つまりその方の心のエネルギーは、そのとき、「適応する子ども」の自我状態にいるといいます。

しつけに関してはいろいろなことがありますが、最近気になっている食事のことだけを書きます。

●気になる食事のマナー

最近は一家団らんの食卓を囲むことが少なくなったせいか、摂食障害が増え、また食事のマナーがひどくなっているように見えます。ひじをついて食べる、箸やフォークを振りまわす、口に食べ物を含んだまま話す、クチャクチャと音を立てて食べる、バイキング料理のときに、食べきれないほど取って残す……といったものです。

マナーはすべて、気持ちよくお互いが過ごすルールです。6歳までには教えましょう。日本のルールを覚えたら、他の国にもそれぞれ違ったルールのあることを教えましょう。国際的な場ではとくに不可欠のルールです。

トイレのマナーもおなじです。洋式トイレでは、男も女もすんだらふたを閉めることです。

今まで述べてきた5つの自我状態ができあがるのは、ほぼ12歳だといわれます。ですからそれまでは、子どもたちは自分の世話を十分して、危険から身を守ることもできないということです。家庭では親が、学校では教師が親身に世話をしていくことが必要不可欠で大切なことです。この時期の子ども同士では何が起きるかわかりませんから、見守る必要があるのです。四六時中見ていることはできないし、その必要もないかもしれませんが、せめて心の視野に入れておく必要がある年齢です。学校でのいじめを防ぐためにも必要なことなのです。

●心の健康と5つの自我状態

いろいろな考え方、定義があると思います。私はこの5つの自我状態を、必要に応じて自由に使うことができることが心の健康さだと思います。交流分析では、それを自発性といいます。あるいはオプションともいいます。「成人」「自由の子ども」「養育的親」の3つの自我状態を主に使って、「支配的親」と「適応の子ども」の自我状態を最低限使うことで、他の人との交流が楽しく豊かなものになって、よい人間関係が築けるでしょう。

第6章　親だって変わることができる

1　私たちの記憶

私の講演会の後で、ある母親が質問をしました。「子どもが3人いるのだけれど、子どもを育てながら、自分が、わが子とおなじ年齢の頃のことを思い出してつらくなる。子どもを産むまでは、思い出したこともない記憶がよみがえってきて苦しい。実は自分は虐待を受けて育ってきたのだが、いったい自分に何が起きているのか、どのようにしたら楽になれるのか……」という質問でした。

この方のように、大人になってから、社会生活につまづいたときに、自分の親との関係、育てられ方を振り返って相談に見える方が増えています。

＊虐待をされて、何とか生き抜いては来たけれど、心に受けた傷を癒したい。

＊虐待とまではいえなくても、あんな親に育てられて自分が苦しい思いをしている、悔

しい。
＊幸せになるために、心に刺さっているとげを抜きたい。
＊親への怒りで自分が押しつぶされそうだ……。にもかかわらず親の介護をしなくてはならない。
＊現在、親と同居していて、過去のいやだったことをもち出しては大暴れをする。
＊何とか子育てを終えたけれど、子ども時代の親とのことがしこりになって、自分に自信がもてない、生きている実感がない。
このようなことを訴える方があります。

こうした親子の葛藤は今にはじまったことではなく、古今東西どこにでもある、人としての宿命ではないかと思います。軽いものでしたら、時が解決してくれたり、日常的な人間関係の中で癒されたりしていくのでしょう。しかし、すでに親が亡くなっていても、親から遠く太平洋を隔てて移り住んでも、親との葛藤は根深く、心にしこりをもち続けている方が多いのです。専門的な手当てが必要になります。

一般的に、私たちの記憶は、3歳前後まではさかのぼることができるといわれています。

2歳頃までの子どもが話すのを、注意深く聞いていると、彼らがおなかの中にいた頃の記憶を話していることがある、最近では、このようなこともわかってきました。

しかし、能力として記憶にあるはずのことも、人によっては、10歳までのことを思い出せない、ということがあります。それを、うそをついているとか、思い出したくないからだ、と言う人もいますが、それは間違いです。実際に、本人の意思とは関係なく、記憶をたどれないことがあるのです。それには、本人も自覚しない深い意味があります。つらい過去があるばあいには、私たちは自分を守るために、生き延びるために、忍者のようにさまざまな術を使うのです。もちろん無意識に行なっているのです。そして、その記憶を呼び起こすようなできごとに接したときに、自分がその記憶に耐えられる力をもったときに、燦然と記憶はよみがえってきます。

子育てをしているときに、埋もれていた記憶が戻ってくる、こういうことはよくあることです。自分がわが子の世話をしているときに、「私がこの子の歳の頃、お母さんは病気で入院をしていた。お父さんは早く帰ってきてくれたけれど、それまでの時間を、テレビを見ていつもひとりぼっちで過ごしていた」。自分が突然、そのときに戻ったように、さみしくなって泣きたくなることがあるかもしれません。まるでタイムスリップしたかのように、一瞬のうちに子どもの頃の感情がよみがえってくるのです。まるで自分が幼い子どもそのものになったように感じて、行動するかもしれません。一瞬にして「子ども」の自我状態になってしまいます。

私たちは過去にやり残したことがあると、そのことはいつかきっとよみがえってきます。癒すことなくほうっておかれた過去の心の傷があるかもしれません。子どもの頃、心に傷を負っているのに、親や周囲の大人がそのことに気づかず、手当てをしないまま放置していると、いずれ、よみがえってくるものです。その表現の仕方はさまざまです。傷が深いと、自分のことに没頭して、子育てどころではなくなるかもしれません。神経症やうつ病の症状が出るかもしれません。そのときこそ、手当てを必要としているのです。

傷の後遺症として、自分のようなつらい思いをさせないように……と、子どもを気遣って過保護になってしまったり、逆に、自分がされたように、おなじように扱ったりするかもしれません。

2　機能不全の家庭

親に十分満足をしている。そういう子どもは少ないと思います。子どもは、大なり小なり、親に不満を抱くもの、私はそう思っています。これは親子の宿命で、その子どもが親になったときに、理想的な親になろうと思っていくら努力しても、子どもにとっては、やはり「難あり」の親になるでしょう。親子といえども違う人間ですから、何を望んでいるのか、聞いてみないとわからないことも多いのです。よかれと思って先回りしても、大きな勘違いということがあります。自分の子どものことだから、何でもわかると思うのは大きな思い違いではないでしょうか。

ずいぶん前に出会ったWちゃんは、ひとりっ子で両親とおばあちゃんに囲まれて、至れり尽くせりの生活に見えました。しかし、不登校になって私のところに連れてこられました。お母さんは、仕事をもっていて忙しいのに、毎日手作りのおやつを用意して、洋服もかわいらしいものを手作りしていました。「何かお母さんにしてほしいことは？」と聞かれて、Wちゃんは、「みんなが着ているケロヨンのTシャツを着たい」「かっぱえびせんが食べたい」と言いました。お母さんはびっくりです。

「機能不全の親や家庭」という言葉があります。アルコール依存症の家庭に育った人びとに、特徴的な心のあり方があるということで、使われた言葉ですが、最近はもっと広く使われています。虐待する親、アルコール依存症の親をひとつの極としても、私たちは、大なり小なり機能不全の家庭に育ってきたと考える方がよいと思っています。だから問題がないとか、たいしたことはないというのではなく、大方の人が心の手当てを必要としているということです。

父親が、あるいは母親が、何かにつけて子どもに暴力。食卓ではいつも祖父母が口論。父親が、夕食時にはお酒を飲みながら、母親の料理に文句。同居の祖母が、母親いじめ。学校から帰ると、母親が父親の悪口。母親が姉を厳しく叱っている。学校のクラブ活動で遅くなったり、友だちと遊んだりして遅く帰ると、ふきげんな母親。十分な生活費を母に与えないでいばっている父親。いつも言い訳しながら、家計に必要なお金を父親からもらっている卑屈な母親。勉強をしろと口やかましいが、自分は大きな音でテレビを見ている親たち。人生なんてつまらないものだと嘆いてばかりの親……子どもから見れば、いやになってしまう親の姿です。

その生活の中で、子どもたちは人生を学び、自分自身を位置づけていきます。自分が取るに足らない人間であると思い込んでいるかもしれません。家庭の中でいつ何が起きるかわからない、安心できない、と考えて落ち着きのない、気遣いの多い子どもになるかもしれません。あるいは、いつも疲れていて、ふきげんな子どもであるかもしれません。こうして私たちは、もって生まれた生来の素質に加えて、その後の環境の影響を受けて、自分の性格を形作っていくのです。

3　自分を癒すこと

自分を癒すいくつかの方法があります。

●再決断療法

私たちは、毎日の生活がスムーズにいって、人間関係も豊かに過ごせることを願い、幸せになりたいと思って暮らしています。しかし、なぜか思うようにいかないことがあります。

幼稚園でいじめられてばかりの子どもがいます。このＤ君は、家庭では、男のくせに泣くのは意気地なしだとハッパをかけられます。自尊感情を失い、自分が価値のない人間だと思うといつも身を縮めて、目立たないようにしているかもしれません。「自分は弱虫。親にも好かれない」と思い込むかもしれません。不思議なことに、いじめっ子はこういう子どもを敏感にかぎつけます。小学校へ入ってもおなじことが続きます。中学校、高校でもおなじで、就職先でも上司からひどいいじめにあって、ついに家から出られなくなるということが起きます。

自分では気がつかないままに、人生でおなじことをくり返していくことがあるのです。

このくり返しの謎を、エリック・バーンは、〈人生脚本〉といいました。自分の人生をドラマとたとえるならば、そのドラマのシナリオを、かなり幼い頃の体験に基づいて書いてしまうといいます。Ｄ君の例でいえば、〈自分は価値のない人間だ〉というのが彼のシナリオのタイトルです。その後の人生でいろいろなことが起きるたびに「やっぱりね」とそのタイトルを確認していきます。タイトルに合ったように生きていくといってもいいでしょう。

再決断療法の創始者・メアリー（ソーシャルワーカー）とロバート（精神科医）は、このシナリオは、生まれながらに決められた宿命的なものではなく、子ども自身が自分の体験から、幼な心に無意識に決断したものだといいました。それは、子どもがその家庭で、その環境で生き延びるために、やむを得ない方策だったというわけです。成長するにつれて、その方策が自分にとって苦しいものであるならば、その決心を変えることができるのです。つまり再決断をすればいいというのです。

「自分が幼稚園でいじめられたのは、自分が悪いのではない。いじめる子が悪いのだ。おとなしいのは性格。ぼくはぼくだ」「幼稚園の先生や学校の先生が、親が自分を守ってくれなかったのは、彼らの問題。ぼくは守られる価値のある人間だ」そう思える日が来たならば、二度とおなじ思いをしなくてすむでしょう。意地の悪い上司に、「そういう言われ方をされる覚えはない」と毅然として言えるようになるでしょう。上目遣いで首を横に傾けていた状態から、背筋をピンと伸ばして、顔もまっすぐ、視線を平らにして静かな声ではあれ、毅然と言うことができるでしょう。

●「適応する子ども」の自我状態から抜け出たNさん

Nさんは、大学卒業後すぐに入社して、5年目の会社員です。優秀で周囲からも認められて、充実した生活をしていました。その年の春に上司が代わりました。女性の上司になりましたが、その人は何かにつけてNさんを批判し、納得のいかないことが多いといいます。そればかりか、後輩の女性をほめては比較されるので、つらい毎日が続きました。

3カ月くらいした頃、Nさんは眠れなくなり、食欲もなくなり、わけもなく涙がこぼれるようになりました。仕事にも集中できなくなりました。私のクリニックを受診したので、経過を聞きながら、「ずいぶんひどい上司ですね。いやな奴！　怒っていいのに、あなたは悲しくなるのですね」。私は彼女に代わって素直な気持ちを表現し、質問をしました。

「そうやって他の人と比較して、あなたを責めるような人に、過去に出会ったことがありますか？　10年前、15年前……」。泣きながら、Nさんは答えます。「私の祖母です。ずっと同居していた父方の祖母は、母のことを気に入らなくて、いつも文句ばかり言っていましたが、その母にそっくりな私を嫌って、文句ばかり言い、2歳下の妹は父親にそっくりなのでかわいがられていました。何かにつけて私と妹を比較して、私ばかりを叱っていました。母は、私をかばってくれませんでした。自分のことで精一杯だったのだと思います」

「理不尽なことですね。でも幼いあなたにはどうにもできなかったでしょう。つらかったですね。でもこれはあなたのせいではなく、おばあちゃんの心の問題です。今後上司にひどいことを言われたら、じっとその方の顔を御覧なさい。そして自分自身に言うのです。『これはおばあちゃんではない。上司だ。そして私は幼い子ではない。有能な社員だ』。そうすると自然に力がわいてきて、自分を守り毅然としてその方に対処できますよ」

Nさんは、一時、薬も使いましたが、間もなく回復していきました。「適応する子ども」の自我状態にいる自分自身に気がついて、毅然として自分自身を貫くことで回復していきました。

人はしばしばこの方のように、入れ子のこけしの小さなものが急によみがえって、自分に重なり、まるで幼い子どものように無力になります。そして目の前の苦手な人が、かつて自分を苦しめた人のように映ってしまうのです。このからくりに気がつけば、私たちは心にパワーを取り戻してきます。

これが、「再決断療法」という精神療法です。過去に自分が描いたシナリオが生きにくいものになったなら、それを書きかえる作業をします。ごく幼い頃にシナリオを書いたときには「成人1」つまり「小さな教授」（123ページ参照）が早期の決断をするのだといいます。その決断がその後大きくなって不都合であるならば、決断し直せばよいということです。

親が暴力的だった少年は、自己主張しない方がよかった、やたらに主張したら、半殺しの目にあっていたかも知れません。しかし、大きくなって、力をつけたなら、自己主張をすることで自分の幸せが得られると覚えるでしょう。もう危険がないと知ったら、変わることができるのです。これを再決断と言います。自分自身で、いろいろな体験の中でこの再決断を行なっていくことがあるかもしれません。しかし、困難なばあいには専門家の門をたたいてください。

自分自身が満たされないまま育ってくると、子どもにやきもちを焼いたり、子どもに世話をしてほしがったりするかもしれません。気をつけなければなりません。自分の子どもを自分の親に仕立てて、世話をさせることはあってはなりません。自分の過去に解決していないことがあったなら早くに解決しておくことです。

●自己再育児法（自分の親になる）

虐待された人たちは、自分たちは「生きていていいのだろうか」「生きている価値はないのではないか」と、薄氷を踏む思いで、ギリギリのところで生きていることが多いのです。このような人たち、親子の絆が切れてしまった人たちであっても、力強く生きていくための命綱を見つける、つくっていくことができるのです。

私たちは、育ってきた、育てられてきた過去を思い起こして、ああであったら、こうであったら……と、残念に思うことが多いかもしれません。しかし、過去を変えることは不可能です。親を変えることや、子どもに返って育ち直すことは不可能です。

でも心配ご無用！　自分で自分を育て直すことができるのです。「私」のことを一番よく知っている「私」が、「私」の世話をして、過去の傷を癒して、育て直すことができるのです。

自分の感情を吟味しましょう。どんな気持ちでいるのか？　何を求めているのか？　遠慮はいりません。率直に自分に話してください。その素直な気持ちを、丸ごと受け入れて聞くことです。無関心な親や小言ばかりの親のようにではなく、あなたが望んでいる、理想的な親のように、批判をしないで、じっと耳を傾けて聞き入ることです。そして自分が望んでいた言葉を、自分にかけるのです。「あなたは悪くない」「よくやっている」「何とすてきな子どもでしょう」「あなたを産んで私は幸せ」……。

いつも自分にとっての理想的な親が、自分のそばに、肩のところにいると想像してください。いつもあなたを見守って応援しています。この親は、けっしてあなたを見捨てないし、批判をしません。もしあなたが間違うことがあれば、批判をするのではなく、つぎにおなじことが起きたときに、失敗しないように別の方法、オプションを教えてくれるでしょう。あなたはひとりではないのです。

子育てをしているとき、親の介護をしているときには、自分自身の「子ども」の自我状態の世話を怠りがちです。忘れないように、自分の世話をしてください。ある人たちは、自分人形を探して、あるいはつくって世話をしています。

●傷ついた幼い自分への手紙

もし過去に傷ついた経験があって、それを癒していなかったら、そのときの自分に、理想的な親になったつもりで手紙を書くことです。

Sさんは、父方の祖父母と同居の家庭で育ちました。大きな屋敷で、両親は別棟に寝て、子どもたち3人は一部屋に寝て、ふすまを隔てて祖父母が寝ていました。長女であるSさんは、7歳のときに同居している従業員に、12歳、14歳のときには、遊びに来た従兄弟から性的虐待を受けました。助けを求めて声をあげても、だれも助けてくれなかったと訴えました。Sさんは、私の勧めで自分人形：ひどい目にあったときの、それぞれの年齢の人形をつくって持って治療にやってきました。ほぼ1年近くの治療の後に、彼女の書いた手紙です。

7歳・12歳・14歳のSちゃんへ
ひどい目にあいましたね。どんなに怖かったでしょうね。恥ずかしかったでしょうね。惨めなつらい気持ちをだれにも話せないでいたのですね。あなたの悲しい気持ち、悔しい気持ちがよくわかります。もちろん、泣いていいのですよ。怒って当たり前です。
あなたの気持ちを話してください。ゆっくり聞きますよ。あなたは自分が何か悪いことをしたような気持ちになっているようですが、それは大きな間違いです。あなたはまったく悪くない。あなたのせいではないのです。彼らがおかしいのです。きっと心に大きな闇を抱えているのでしょう。だからって許せません。それに、おなじ屋根の下にいる男の人から、女の子であるあなたを守らなかった大人たちの責任なのです。
でも安心しなさい。これからは私があなたを守ります。絶対このようなことのないように、あなたを守ります。２度とこんなに悲しい思いをあなたにさせません。あなたは私にとって宝物です。大切にしていきます。

それぞれの人形には口がついていませんでした。Sさんは、「いくら叫んでもだれも助けてくれなかったから、口はないとおなじ」と言いました。しかし、その手紙を書いた後で、彼女は私の赤マジックペンでそれぞれの人形に口を描いてあげました。「私が助けるから、かならず呼びなさいね」と優しく人形たちに語りかけるSさんでした。

私が、５歳の自分に書いた手紙です。

５歳のカコちゃんへ

カコちゃん。あなたは毎日家にやってきて、おかあちゃんに小言を言うおじいちゃんが嫌いなのね。本当にいやな爺だね。私も嫌いです。あなたはおかあちゃんがかわいそうで心配で、おじいちゃんが来ると、友だちをほうって、おかあちゃんのところにくっついているのね。怖い顔をしておじいちゃんをにらんでいるのね。そんなあなたもかわいいけれど、どうぞ安心して友だちと遊びなさい。あなたのおかあちゃんは、優しくて芯のしっかりした女性です。泣いていたり、愚痴を言ったり、おじいちゃんの悪口を聞いたことはないでしょう? 賢い人なのです。ニコニコして、上手に付き合っているでしょう。さあ早く行ってらっしゃい。お友だちが待っていますよ。後であなたの好きなアイスキャンデーを持って行ってあげますよ。

私の父は、9人きょうだいの二男でした。すぐ近くに住む祖父は細かい人で、毎日のように家に来ては家事のあれこれについて、母に文句を言っていました。私にとって彼は、「母をいじめるニックキ男」でした。小学校へ行くようになってもこの気持ちは続いていました。

思い起こすと、私は「ただいま!」と言って帰ってきたことがなかったのです。かならず「おかあちゃんは?」と言って勝手口から駆け込んで帰りました。記憶にある限り、小学校5年生の頃まで続いていたと思います。このことを私はすっかり忘れていましたが、10年ほど前でしょうか、クリニックで行なっているセミナー〈TA101〉の最中に、この記憶がよみがえって、思わず涙が出てきてしまいました。その瞬間に、私は気づいたのです。カコちゃんは、学校へ行っている間に、おかあちゃんがどこかに行ってしまいはしないかと不安であったのだと。それで毎日「おかあちゃんは?」と、走って帰ってきていたのです。

●出さない手紙

過去につらい経験をした中で、特定の人に怒りを向けていることがあるかもしれません。親への恨み。かつていじめられた人への怒り。そして、そのために自分の生活が苦しく暗いものになっていませんか？　その気持ちを解決したいなら、それを書き連ねることです。きっぱりと別れることができるでしょう。いやな気持ちをもち続けるということは、その人たちに対してあなたの貴重な心のエネルギーを注いでいるということです。貴重な時をそのようなことに費やすのはもったいないと思いませんか？　その思いを断ち切りたかったら、書いてみてください。

まず怒りから書き出します。一滴残さず書きます。これ以上言うことはないとなってから、もしあるなら感謝の言葉を書きます。そして最後にさようなら、と書いてから、3回読み直してください。きっとあなたの中の何かが変わるでしょう。

この手紙は、大事にしまっておいてもいいし、燃やしてもいいでしょう。もし亡くなっている方が相手なら、墓で燃やしてもいいかもしれません。

インディアンの言葉に、「怒りは自分への毒」とあります。自分に毒が回って倒れる前に、怒りを捨てることができるのです。私たちは怒りを手放したときに、身も心も軽やかになって、心からほっとして安心できるのだと思います。その手立てとしてこの方法が、きっと役に立つと思います。

日常生活を豊かに楽しく送るために、自分の交友関係の中で、「養育的親」の自我状態をよく使っている方を探しましょう。疲れたとき、つらいときにはその人のところに行きましょう。間違っても批判の強い人のところへは行ってはいけません。また「自由な子ども」の強い人といることで、楽しくなり明るい気分になるとともに、エネルギーもわいてくるでしょう。

4　私たちの人生の目的

最終的には、自律性の獲得ができるようになることが人生の大切な目的だと思います。交流分析の教える自律性とは、つぎの3つの獲得です。
気づき：私たちがまるで新生児のように、五感を働かせることができること。
自発性：オプションから思考・行動・感情を選ぶことができる力。
親密さ：心を開いて自分と他人のとの間で、感じていることを共にする。
つまり偏見や過去のしがらみから自由になって、安心して「自由の子ども」の自我状態になれることで、人との関係を楽しいものにしていくということです。
くり返し言いましょう。過去と他人は変えられない。でも自分の現在から未来を変えることはできるのです。そして自分が変わると、人も変わるかもしれません。
こう考えてくると、人生って楽しくなるでしょう！

幼い頃に、母親と継父から虐待を受けて失明した女性がいます。ずっと施設で育ってきた方です。私との精神療法の終了後も、何度もメールのやりとりをしていました。その方のメールの1つを紹介します。

〈虐待をした母親と継父を許すことができました。いつまでも恨んでばかりでは何もはじまらないし楽しくなれない。心がうきうきしています〉

その道のりは厳しいものでしょうが、ひとときこう考えることができたのは、彼女のパワーと感じています。

あとがきにかえて

今まで主に、大人になった人たちを通して、子どもの心を見てきました。私たちがいかに、たくさんのことを親に影響されて育ってきているか。そして親を求めていることか……。

どんなに過酷な環境の中でも、子どもはマジシャンのようにあれこれ工夫をして、親との絆を保って生き延びようとします。その知恵とパワーのすごさに、私はときどき圧倒されてしまいます。だからこそ、精一杯のエールを送りたいと思います。親が応援しないで、だれが子どもを守れるのでしょう。親が、大人たちが送るエールの声が届けば、子どもはきっと自分を信じて大切に生きていけるでしょう。

親は精一杯子どもを愛して育てていても、間違うことはあるでしょう。子どもに合わないこともあるでしょう。しかし、心配ご無用！　子どもたちは、それを乗り越えて生きていけるのです。人はいつでも自分を変えていけるのです。

とにかく、子どもの応援団長になることです!!

■著者紹介

野間和子（のま・かずこ）

野間メンタルヘルスクリニック院長
精神科専門医　精神保健指定医
国際TA協会認定会員、TA101インストラクター、再決断療法士
横浜市立大学医学部卒業後、横浜市立大学医学部精神医学教室に入室、その後、神奈川県立こども医療センターに児童精神科医として20年間勤務、1991年、横浜に「野間メンタルヘルスクリニック」を開業。
■共著『子どもの精神療法』（誠信書房）『女の子を育てる』『男の子を育てる』（大泉書店）『治療者としてのあり方をめぐって』（株式会社チーム医療）など

組版：下村理沙（合同フォレスト）

今、親ができるとても大切なこと。
親子関係をよくするストローク育児

2014年6月30日　第1刷発行

著　者　野間和子
発行者　上野良治
発行所　合同出版株式会社
　　　　東京都千代田区神田神保町1-44
　　　　郵便番号　101-0051
　　　　電話　03（3294）3506
　　　　振替　00180-9-65422
　　　　ホームページ　http://www.godo-shuppan.co.jp
印刷・製本　株式会社シナノ

■刊行図書リストを無料進呈いたします。
■落丁乱丁の際はお取り換えいたします。

ISBN978-4-7726-1207-4　NDC599　188×130